Prof. Dr. Wolfgang Seidel
Burnout

Prof. Dr. Wolfgang Seidel

Burnout

Erkennen, verhindern, überwinden

Die eigenen Emotionen steuern lernen

Wie neueste Erkenntnisse helfen

Bibliografische Information der Deutschen Nationalbibliothek

Die Deutsche Nationalbibliothek verzeichnet diese Publikation in der Deutschen Nationalbibliografie; detaillierte bibliografische Daten sind im Internet über http://dnb.ddb.de abrufbar.

ISBN 978-3-86910-323-5 (Print)
ISBN 978-3-86910-439-3 (PDF)

Der Autor: Schon während seiner Zeit als Chefarzt der allgemeinchirurgischen Abteilung eines Krankenhauses war für Wolfgang Seidel der psychologisch kompetente Umgang seiner Mitarbeiter mit den Patienten und Angehörigen ein Schwerpunkt seiner innerbetrieblichen Weiterbildungsveranstaltungen. Im Ruhestand beschäftigt sich Wolfgang Seidel intensiv mit der Emotionspsychologie. Er ist Autor einschlägiger Bücher wie dem Ratgeber „Emotionale Kompetenz" oder dem fachlichen Leitfaden „Emotionspsychologie im Krankenhaus". Seidel kennt als ehemaliger ärztlicher Direktor eines Lehrkrankenhauses sehr gut den Stress des modernen Berufslebens, der in der Argumentation heutiger Ratgeber zum Burnout die zentrale Position einnimmt. Aber er rückt die psychische Belastungsfähigkeit der Menschen in den Mittelpunkt seiner Betrachtungen. Auf dem Boden dieser menschlichen Beurteilung des Burnout-Prozesses macht der erfahrene Schulmediziner realistische und auch für den Laien praktikable Vorschläge zur Vorbeugung und Hilfe.

Originalausgabe

© 2011 humboldt
Eine Marke der Schlüterschen Verlagsgesellschaft mbH & Co. KG,
Hans-Böckler-Allee 7, 30173 Hannover
www.schluetersche.de
www.humboldt.de

Lektorat: wort + tat, Linda Strehl, München
Covergestaltung: DSP Zeitgeist GmbH, Ettlingen
Innengestaltung: akuSatz Andrea Kunkel, Stuttgart
Titelfoto: Shutterstock /discpicture
Satz: PER Medien+Marketing GmbH, Braunschweig
Druck: Grafisches Centrum Cuno GmbH & Co. KG, Calbe

Hergestellt in Deutschland.
Gedruckt auf Papier aus nachhaltiger Forstwirtschaft.

Inhalt

Einführung:
das Wichtigste in Kürze

Liebe Leserin, lieber Leser,
lassen Sie mich überlegen: Wenn Sie dieses Buch über Burnout in die Hand nehmen, gibt es vier Möglichkeiten. Die erste ist: Sie kennen einen Menschen, von dem Sie glauben, dass er gefährdet oder schon in den Prozess verwickelt ist, und wollen ihm irgendwie helfen. Die zweite Möglichkeit ist, dass Sie fürchten, selbst betroffen zu sein, weil gewisse Umstände darauf hinweisen könnten. Nun suchen Sie Informationen zu Ihrer Beruhigung oder zur Bestätigung. Sie wollen notfalls auch vorbeugend gegensteuern können. Als dritte Möglichkeit rechne ich mir aus, dass Sie sich ganz gesund und normal fühlen und auch keinen Betroffenen kennen, dass Sie aber Ihre Lebensweise immer gesund und risikoarm einrichten und nun auch unnötigen Gefahren für Geist und Gemüt aus dem Wege gehen wollen.
Gut! In allen drei Fällen ist dieses Buch für Sie geschrieben. Sie sollen ohne alle Fremdworte und ohne ausgefallenes Spezialwissen erfahren, worum es geht. Schrittweise werden Sie in alles Wesentliche über Burnout eingeführt. Sie werden dann einige sehr interessante psychologische Prinzipien kennenlernen. Und daraus werden sich praktikable Hilfsmöglichkeiten ergeben.

Und die vierte Möglichkeit? Es könnte sein, dass Sie bei diesem Thema kein Laie sind. Dann wissen Sie vieles, was in den Kapiteln 1, 3 und 4 dargestellt wird. Bei den weiteren emotionspsychologischen Erklärungen zum Burnout-Phänomen werden Sie jedoch Argumente angeführt finden, die in der gegenwärtigen Literatur nicht stehen. Ich empfehle Ihnen, zunächst im zweiten Kapitel meine Deutungen zur Ausgangspersönlichkeit kennenzulernen und dann die spezielleren Ausführungen ab Kapitel 5 durchzusehen.

Eine moderne Zivilisationserscheinung

Burnout ist eine *Krankheit unserer Zeit*. Gehetzte Menschen, die mit Problemen in ihrer Umwelt nicht zurechtkamen und daran verzweifelten, hat es zwar auch im Altertum gegeben. Dafür hat man Belege gefunden. In den letzten beiden Jahrhunderten wurde die Zahl der Gehetzten jedoch immer größer. Die Ärzte sprachen von „Neurasthenie", also einer generellen Schwäche des Nervenkostüms oder der seelischen Kräfte, später auch von „Psychasthenie", die häufig einherging mit Ermüdung, Ängstlichkeit, Kopf- und anderen Schmerzen, Schlaf- und Konzentrationsstörungen bis zur Arbeitsunfähigkeit. Und sie wunderten sich, dass die *Depression* im 20. Jahrhundert besonders bei Frauen immer häufiger wurde. Die Neurasthenie galt schon vor 100 Jahren als typische Lehrererkrankung.

Sie hatte keinen sonderlich guten Ruf, sondern war eher ein Tabuthema. Kaum einer wird gerne von sich behauptet haben, dass er darunter leide.

Das ist ganz anders beim Burnout, der seit etwa 40 Jahren zunehmend häufig diagnostiziert und diskutiert wird. Beim Burnout wird den *äußeren Umständen*, also besonders den *Arbeitsbedingungen* ein wesentlicher Anteil am Entstehen zugesprochen. Das löst bei den Mitmenschen Mitleid und Hilfsangebote aus, man gewinnt sogar eine gewisse Achtung, weil man die schwierigen Umstände so lange aushalten musste. Gerade die Soziologie und speziell die Arbeitsmedizin haben bis heute wesentlich zur Sammlung von Befunden bei wahrscheinlich Betroffenen beigetragen und die vielen äußeren Einflussfaktoren analysiert. Sie bemühen sich natürlich zudem, die vermutlich schädlichen, Stress erzeugenden Umstände, sogenannte Stressoren, auszuschließen oder wenigstens abzumildern.

Was ist das: „Burnout"?

Was versteht man denn überhaupt unter „Burnout"? Die Fachleute sind sich noch nicht einig. Das liegt daran, dass sowohl die Gehirne der Beteiligten als auch die Umwelt, von der sie gestresst werden, ungeheuer komplex sind. Und es liegt daran, dass der sehr variable Burnout-Prozess schleichend, fast unmerklich beginnt und über lange Zeit fortschreitet, und zwar nach ganz individuellen Bedingungen, die ebenso stark variieren wie die Umwelt. Auch ist man sich noch unklar darüber, ob und inwieweit andere, ähnliche Prozesse wie etwa Mobbing oder Stressfolgen vom Burnout abzugrenzen sind.

Man sollte die entscheidenden *Ursachen* wohl vorrangig in der *Umwelt* suchen. Ich werde zeigen, dass in den vergangenen 40 Jahren, in denen das Phänomen aufgetreten ist und stark zugenommen hat, einerseits die Technik einen enormen zusätzlichen Druck auf viele Menschen ausübt. Ich werde aber auch betonen, dass genau in dieser Zeit der zunehmende Individualismus und der Anspruch auf Selbstverwirklichung bei vielen Menschen zu Isolation, Einsamkeit und psychischer Belastung führten.

Äußere Ursachen bedingen ohne Zweifel die auffällige *Häufung* derartiger Prozesse in unserer Zeit. Sie können auslösend oder verstärkend schuldig sein. Man hat eine riesige Zahl von ihnen eingehend analysiert, und man kann einige eindeutig als Verursacher ausmachen. Aber ihre Elimination hilft im fortgeschrittenen Zustand eines Burnout nicht mehr: Der seelische Prozess hat sich offensichtlich verselbstständigt.

Neben den äußeren Ursachen ist natürlich die *Persönlichkeit* des Betroffenen der zwar komplizierte, aber übersehbare Schauplatz, auf dem sich der Burnout-Prozess abspielt. Ich werde zeigen, dass die vielen Ursachen an wenigen wichtigen Psychomechanismen angreifen. Für das Verständnis des Prozesses und für Bemühungen um Vorbeugung oder Hilfe ist es besser, von diesen heute schon einigermaßen verstandenen Funktionen des Gehirns und nicht von den Ursachen auszugehen.

> Vielerlei Stress kann die Ursache sein. Aber das Gehirn ist der Schauplatz des Geschehens „Burnout", und die Persönlichkeit und ihre Aktionen sind das, was sich ändert.

Anfangs handelt es sich um einen Zustand allgemeiner, besonders aber *geistiger und gefühlsmäßiger Erschöpfung*. Das Gehirn kann man nämlich ähnlich überfordern wie die Muskeln. Aber dann können auch Regelkreise des Verhaltens ähnlich überstrapaziert werden wie solche des Stoffwechsels. Selbstvertrauen, Zielstrebigkeit und Interesse an der Arbeit gehen verloren. Es kommt zu *Unruhe* und Anspannung; später tauchen auch soziale Schwierigkeiten auf. In einer *Abwärtsspirale* stellt man schrittweise den Verlust des Lebenswillens fest, schließlich Verzweiflung bis zur Depression.

Die äußeren Umstände

Der Burnout-Spezialist Mathias Burisch (siehe Lesetipps) notiert 130 *Symptome*. Das sind reichlich viele für ein einziges krankhaftes Geschehen. Wenn die Fachärzte eine Theorie bilden oder gar die Erkrankung bei einem Patienten erkennen wollen, dann ist so eine Fülle hinderlich und verwirrend. Bei näherem Betrachten ergibt sich ein Teil der Vielseitigkeit der krankhaften Reaktionen aus der großen Zahl von „Gegenspielern", die alle als *Stressoren*, also als ursächliche Belastungsfaktoren einwirken können. Aber manche Forscher haben auch vermutet, dass mehrere ähnliche Verlaufsformen vorliegen könnten, die die Wissenschaft noch von einander trennen muss.

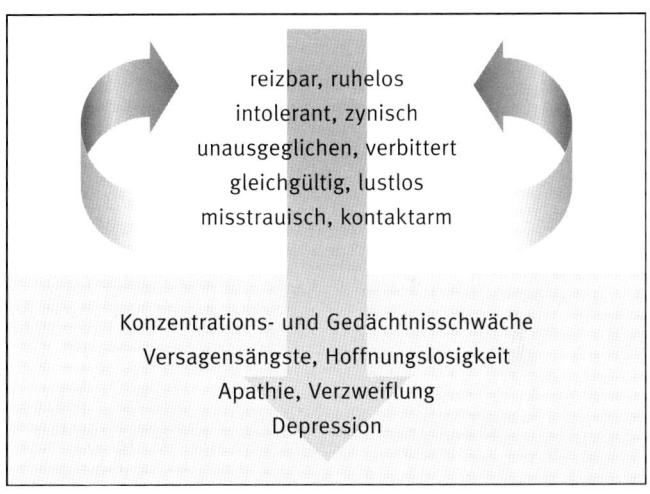

reizbar, ruhelos
intolerant, zynisch
unausgeglichen, verbittert
gleichgültig, lustlos
misstrauisch, kontaktarm

Konzentrations- und Gedächtnisschwäche
Versagensängste, Hoffnungslosigkeit
Apathie, Verzweiflung
Depression

Abb. 1: *Burnout-Verlauf: Die Anfänge sind wieder umkehrbar, ständiger schwerer Psychostress (z. B. Mobbing) kann jedoch zu schweren seelischen Problemen führen. In der oberen Hälfte der Abbildung befinden sich Stressfolgen, die sich wieder zurückbilden. Ab einer gewissen Stärke (unterer schraffierter Bereich) stellt man schwere Persönlichkeitsveränderungen fest. Dann ist eine professionelle Therapie notwendig. Jedoch auch in leichteren Fällen ist Wachsamkeit und schnelle Hilfe angezeigt.*

Äußere Umstände können einen Menschen „prägen". So ändert sich das Verhalten im Verhältnis zu Freunden und Bekannten, gegenüber den Arbeitsbedingungen, gegenüber den Vorgesetzten oder den Kollegen, in Bezug auf die selbstgewählten oder die gestellten Aufgaben oder auch auf die Freizeitgestaltung. Der Charakter kann sich auffallend und beängstigend ändern, wenn die Einwirkungen sehr stark sind oder die Persönlichkeit besonders sensibel. Das könnte auch im Stress der Fall sein. Ein anderer Grund für die große Zahl der Symptome ist natürlich der lange Verlauf, in dem eine Persönlichkeit über viele Stufen hinweg völlig verändert wird. In den ersten Kapiteln des Buches werde ich auf diese Wirkbeziehungen näher eingehen.

Mit Burnout wird vermutlich viel bezeichnet, das diesen Namen nicht verdient, also z. B. nachvollziehbare Folgen von Überarbeitung oder Stress, die nach einer angemessenen Erholungzeit auch ohne besondere Therapie wieder zurückgehen. Andererseits sind sich die medizinischen Fachleute auch noch nicht einig, welche Arten der Wesensveränderungen tatsächlich einer einheitlichen Krankheit entsprechen. Vielleicht wird man eines Tages mehrere verschiedene Krankheitsverläufe auseinanderhalten können. Einige Fachleute sprechen daher von einem Burnout-Syndrom. Sie meinen damit eine ganze Gruppe ähnlicher Veränderungen.

So gibt es noch Schwierigkeiten, Burnout überhaupt als *Krankheit* anzuerkennen. Aber man wird zu Ergebnissen kommen müssen trotz der Schwierigkeiten, die sich z. B.

durch den schleichenden Beginn, den langen Verlauf und auch die lange Dauer mancher Behandlung ergeben. Sicher ist nämlich heute schon, dass die Zahl der Betroffenen rasch zunimmt. Ich werde im vierten Kapitel den Verlauf des Prozesses noch einmal kritisch beleuchten: Meiner Ansicht nach sollte man wenigstens in denjenigen Stadien des Burnout von einer *Krankheit* sprechen, in denen ein Arzt hinzugezogen werden muss.

Sechs Phasen der fortschreitenden Verschlimmerung

In der psychologischen Forschung wurde der Burnout-Prozess wiederholt in verschiedene *Phasen* eingeteilt. Allerdings werden bei derartigen Einteilungen nur die beobachteten Symptome geordnet. Über interne Ursachen oder psychische Zusammenhänge sagen sie wenig aus. Daher gibt es noch Abweichungen, aber die Einteilung ist hilfreich, wenn man nachvollziehen will, wie Betroffene immer tiefer in einen förmlichen Strudel psychischer Problematik hineingetrieben werden. Den Weg durch diese Phasen werden Sie gleich im ersten Kapitel an drei Beispielen miterleben (siehe auch Abbildung 2 auf Seite 39 und Abbildung 3 auf Seite 47).

Warum drei Beispiele? Im Rückblick auf viele Verlaufsbeobachtungen stellt man fest, dass mancher Betroffene anfangs eher zu viel Energie, Ehrgeiz, Leistungswillen gezeigt hat.

Wer sich zu viel vornimmt, wird an seine Grenzen stoßen. Das Erkennen dieser Selbstüberforderung und die rechtzeitige Beschränkung gelingen oft nicht. Diese *Phase einer anfänglichen Hyperaktivität*, also eines überbordenden Tatendranges ist auffallend, aber nicht die Regel. Häufiger werden ganz normale Mitmenschen mit einem für sie überwältigenden Stress konfrontiert. Sie versuchen zunächst, mit den Belästigungen fertig zu werden oder sie zu verdrängen. Ohne es selbst zu merken, werden sie dann aggressiv, zynisch, später nervös und kraftlos, enttäuscht. Viele greifen zum Alkohol, dem allgemein bewährten Mittel, um (Versagens-)Ängste zu betäuben.

Auf die Phase der Enttäuschung folgt dann meistens eine *Phase der Lustlosigkeit* und der Antriebsschwäche mit Gleichgültigkeit und entsprechenden Misserfolgen. Es schließt sich daran eine Phase an, die durch *Hoffnungslosigkeit* gekennzeichnet ist: Der Betroffene traut sich keine Leistung mehr zu und macht dadurch alles noch viel schlimmer. Körperliche Beschwerden aller Art können früh hinzutreten. Sie begleiten meistens eine weitere Phase mit echten *Funktionsdefiziten*, in der der Betroffene also seine Aufgaben nicht mehr so löst, wie man es von ihm bisher erwarten durfte. Er leidet unter Konzentrationsschwäche und Erschöpfung. Schließlich führt die Krankheit in die *Endphase* mit Verzweiflung, Hilflosigkeit und Depression.

Bereits diese Vorausschau auf das erste Kapitel lässt erahnen, dass man mit dem Begriff Burnout nicht spaßen sollte, sondern dass man beim Verdacht auf das Vorliegen eines solchen Prozesses unbedingt hellhörig und aktiv werden muss. Sicher kennen auch Sie einen Menschen, der einmal „einen Burnout hatte".

Der bedrohlich abwärts gerichtete Verlauf muss *keine Einbahnstraße* sein. Auf jeder Station kann man wirksam helfen, und: je früher, desto besser!

Burnout als „Ausbrennen"

Wir wissen inzwischen, dass der als Burnout bezeichnete Prozess ohne Hilfe fast schicksalsmäßig verläuft, ähnlich *wie eine chronische Erkrankung*, also wie die Zuckerkrankheit oder ein Nierenleiden oder gar wie ein Tumor oder unerbittlich wie Alzheimer. Die psychische Verfassung der Betroffenen verschlechtert sich meist über Jahre hinweg, wenn kein gutes Mittel gefunden wird oder die Hilfe nicht fachgerecht ist. Irgendwann kann der Betroffene nicht mehr arbeiten. Er zieht sich zurück, verzweifelt, sieht keinen Ausweg.

Das englische Wort „Burnout" bedeutet „Ausbrennen". Der Vergleich des Prozesses mit einem Schwelbrand, der sich langsam fortschreitend ausbreitet und Schäden anrichtet, ist auf den ersten Blick recht anschaulich. Daher hat sich der Name wohl auch so schnell weltweit durchgesetzt. Das unterschwellige innere Brennen verursacht zunächst kaum

Rauch oder Hitze, also keine typischen Symptome, und wird daher anfangs unterschätzt, verdrängt, fehlgedeutet und falsch angegangen. Das „Ausbrennen" greift immer mehr um sich, zehrt die Kräfte aus. Aber der Endzustand, also „ausgebrannt", ist mit der Bezeichnung nicht gemeint. Dann müsste man „Burnedout" schreiben. Wenn der Prozess im Gefühl völliger Ausweglosigkeit *endet*, liegt eine Depression vor, eine sehr schwere Gemütskrankheit. Diese war früher gar nicht mit Burnout in Verbindung gebracht worden, heute jedoch kann man Burnout als eines der Anfangsstadien der Depression bezeichnen.

Dennoch ist es so, dass bei diesem Prozess im Gehirn nichts wirklich verbrennt, also *nichts konkret zerstört* wird (vielleicht mit Ausnahme der Schlussperiode). Mein Vergleich mit dem Morbus Alzheimer ist also in dieser Hinsicht falsch, weil dort das Fortschreiten durch schwere Zerstörungen an den Nervenzellen bedingt ist. Es handelt sich beim Burnout um Fehlinterpretationen des Gehirns, falsche Gewichtungen von Informationen und um *Fehlschaltungen* in einem hochkomplizierten Netzwerk der Informationsverarbeitung, die sich unter günstigen Umständen auch wieder rückgängig machen lassen.

Fehlerhafte Prozesse in einem Netzwerk

Vielleicht sollte man Burnout besser mit der Verwaltung eines großen Betriebes vergleichen. Dort können empfindliche Schwachstellen bestehen wie z. B. unfähige Mitarbeiter oder alte Software. Wenn dann saisonbedingt viel Arbeit kommt, haben die Angestellten viel zu tun. Sie machen in der Hektik aber vermehrt Fehler. Einige Produkte werden falsch ausgeliefert (dies entspricht etwa sarkastischen Reaktionen oder Wutausbrüchen im Anfangsstadium des Burnout). Die Führungsebene des Betriebes interpretiert die Reklamationen falsch. Sie reglementiert die vermeintlich unfähige Belegschaft mit schärferen Vorschriften, die in der Eile nicht gut durchdacht sind. Da die neuen Regeln aber schriftlich festgelegt sind (auch seine Fehleinschätzungen legt der vom Burnout Betroffene in seinem Gedächtnis ab und verwendet sie dann wieder), können sie über lange Zeit Sand ins Getriebe bringen. Es gibt Produktionsausfälle und viele ärgerliche Retouren, nun auch wegen säumigen Betriebsablaufs. Produktionsanweisungen werden falsch bezeichnet und führen zu Konstruktionsfehlern (beim Burnout verrennt sich der Betroffene etwa in falschen Anschuldigungen). Die Mitarbeiter streiken (der Betroffene zieht sich zurück) oder revoltieren. Der Betrieb macht Verluste (psychosomatische Krankheit), er erhält keine Aufträge mehr (Arbeitsunfähigkeit beim Burnout), und das Ende ist der Konkurs. Beim Burnout-Betroffenen bedeutet das, dass sein Charakter nun grundlegend verändert ist und er im Extremfall ein menschliches Wrack geworden ist.

Der Vergleich hinkt natürlich über weite Strecken. Aber wenn man das Problem des Burnout als *tiefgreifende Organi-*

sationsstörung einer komplizierten Informationsverarbeitung auffasst, wird man bis zuletzt auf einen guten „Konkursverwalter" hoffen können, der das katastrophale Durcheinander wieder ordnen kann. Besser wäre natürlich, wenn die Betriebsleitung schon nach dem ersten Versagen ihrer internen Krisensitzungen einen guten „externen" Unternehmensberater hinzuziehen würde, der also von außen geholt wird und daher nicht voreingenommen ist. Er kann am besten frühzeitige und radikale Gegenmaßnahmen einleiten. Und noch besser wäre, wenn kluges Management oder auch kluge Gesetzgebung grundsätzlich verhindern, dass es zu derartigen Katastrophen kommt. Ich werde gegen Burnout entsprechende Vorschläge machen.

> Grundsätzlich muss man das Gehirn als ein Organ sehen, das organisiert und regelt. Es regelt die Körperfunktionen, das Denken, das Verhalten. Nicht zuletzt regelt es sein eigenes Funktionieren. Und hierbei wird es beim Burnout wohl zu Fehlern getrieben, indem es falsche Prioritäten setzt.

Darüber, wie das Gehirn sich und den Körper regelt, weiß man noch wenig. Aber was man weiß, werde ich später erläutern, weil es sehr wichtig für die Vorbeugung ist.

Das Zusammenspiel
von Persönlichkeit und Umwelt

Zum Burnout gehören stets *zwei Akteure*: außer vielen Einflüssen einer *stressigen Umwelt* auch eine komplizierte *Persönlichkeitsstruktur* des Betroffenen. Am Beginn des Prozesses ist meist nur eines von beiden problematisch, aber es kommt dadurch zu einer Unausgewogenheit, einem Konflikt.

Das Nervenkostüm einer Junglehrerin ist womöglich z. B. dem Stress in einer ganz normal lebendigen Schulklasse nicht gewachsen, obwohl sie sich sehr auf die Aufgabe als Erzieherin gefreut und sich gut auf ihren Unterricht vorbereitet hat. Sie wollte fachlich gut sein und mit moderner Pädagogik auf die Kinder eingehen. Das Problem lag in ihrer *inneren*, in ihrer psychischen *Konstitution*. (Wie man diese vorher testen kann, werden Sie in Kapitel 9 erfahren.)

Ein anderes Beispiel: Eine erfahrene Krankenschwester muss nicht nur fürsorglich, sondern auch robust und nervenstark sein. Aber wenn der Chef seinerseits ausrastet, kein Verständnis für eine persönliche Bitte von ihr hat, ihr zusätzliche Aufgaben aufbürdet, ihr gleichzeitig aber die Anerkennung versagt, ihr stattdessen die Schuld für Misserfolge zuschiebt und ihr in seinem Zorn totale Unfähigkeit vorwirft, dann ärgert sie sich nicht nur, sie wird auch unsicher, zweifelt und schläft schlecht. Es erschüttert ihre psychische Stabilität, die unter normalem Klinikstress mit Unfällen, Überstunden und Nachtdienst bisher immer voll ausgereicht hat. Eventuell zweifelt sie an ihrer Befähigung zur Pflege und wechselt den Beruf. Ohne die Beeinträchtigung ihrer Selbstsicherheit, also ohne die *zusätzlichen äußeren Faktoren* hätte sie weiterhin Freude an ihrem Beruf gehabt und sich von ihrem Arbeitsumfeld nicht unterkriegen lassen.

Es gibt sehr viele Lehrer und Lehrerinnen, die mit dem Schulstress gut zurechtkommen, und auch viele Krankenschwestern, die trotz mangelhafter sozialer Kompetenz ihrer Vorgesetzten mit voller Kraft ihre Arbeit verrichten. Es sind immer nur einige, die an einer Herausforderung scheitern, aber es werden rasch mehr. Hochrechnungen sind zwar mit großer Vorsicht zu behandeln, aber man hat mehr als zehn Millionen Burnout-Betroffene allein in Deutschland geschätzt. Sie verteilen sich auf etwa 60 verschiedene Berufe, wobei Lehrkräfte und Krankenhauspersonal besonders häufig betroffen sind.

Grenzen für unsere geistige Anpassungsfähigkeit?

Dem Phänomen Burnout kann man sich auf sehr verschiedene Arten nähern:

Soziologen versuchen, Arbeitsbedingungen zu optimieren, Stress zu verringern, das Betriebsklima zu verbessern, geeignete Führungsstile vorzuschlagen. Die wichtigsten Ergebnisse werde ich konzentriert darstellen.

Psychologen berichten über ihre Erfahrungen. Sie haben das Verhalten der Betroffenen und ihrer Kontaktpersonen analysiert, haben es statistisch aufgearbeitet und als Coach zu beeinflussen versucht. Sie haben viele Theorien zu Entstehung wie Verschlimmerung des Burnout aufgestellt, von denen einige hier Erwähnung finden werden.

Ärzte werden wegen des psychologischen Versagens oder wegen vieldeutiger Krankheitssymptome zurate gezogen und bemühen sich aus ihrer Warte um Hilfe. Ihre medizinischen Erkenntnisse werde ich alle in den ersten vier Kapiteln berücksichtigen.

In der bisherigen Literatur wird die Burnout-Problematik ganz überwiegend *aus der Sicht des Verstandes* behandelt. Das entspricht der herrschenden Lehrmeinung der Psychologie im vergangenen Jahrhundert. Ich werde in den weiteren Kapiteln zwei zunehmend wichtige jüngere Zweige der Psychologie einbeziehen: die *Evolutionspsychologie* und *die Emotionspsychologie*.

Die *Evolutionspsychologie* geht von genetischen Zusammenhängen aus. Sie untersucht, welche Reaktionen, welche Verhaltensweisen dem Menschen angeboren sind – nämlich diejenigen, auf die sich der Mensch in schwierigen Situationen immer verlassen konnte, weil sie in den letzten 500 000 Jahren eingeübt und in den Genen festgelegt wurden und auch heute noch *automatisch funktionieren*. Allerdings: Sie passten damals für kleine, meist friedliche Gruppen von Jägern und Sammlern.

Schon nach der Einführung von Ackerbau, Viehzucht und Eigentum vor 10000 Jahren konnten sie den Menschen nicht mehr sicher leiten, und auch in der „kurzen" Zeit seither konnten die Gene nicht angepasst werden. In der Hektik unserer Zeit sind sie sozusagen veraltet und nützen eher selten, wenn es auf das Verhalten in unserer technisierten Welt ankommt. Der Mensch muss sich ständig aktiv an Umstände anpassen, die anders sind als diejenigen, für die er – auch heute noch – zunächst geboren wird.

Aus dieser Perspektive muss man die Neuzeit betrachten, wenn man über vererbte Eigenschaften redet und über deren Bedeutung im Rahmen der spektakulären Errungenschaften in unserer menschlichen Umwelt. Wir wissen ja selbst um deren Vielfalt und deren *Hektik*, um die vielseitigen Abhängigkeiten, Vorschriften, Sachzwänge. Ich will Ihren Blick aber auf die moderne *Geistes*kultur richten, auf Pluralismus und Individualismus, die den Menschen aus der Geborgenheit eines Familienclans früherer Jahrtausende in eine auf den zweiten Blick nicht gerade fürsorgliche und friedliche Zivilisation katapultierten.

Wegen der Bedingungen unserer Zeit muss jedes Individuum nach der Geburt einen rund 18 Jahre (!) langen Lernprozess durchlaufen, um die wechselseitigen Einflüsse der modernen Kultur und Technik kennenzulernen und eigene Anpassungsstrategien zu entwickeln und einzuüben. Nicht nur schreiben, lesen und rechnen muss der Mensch lernen. Alles, was die Technik bietet und bedeutet, alle Errungenschaften der Zivilisation in seinem Umfeld muss er kennen und bedienen lernen. Aber er muss auch wissen, wann er welche Kleidung anzieht und bei welcher Gelegenheit er sich am besten wie benimmt. Jeder braucht dafür Hilfe von den Eltern, den Lehrern, von Kollegen und Freunden. Das Gehirn des einen schafft die Anpassung an die vielen Erfordernisse besser, ein anderes schlechter. Ein jahrelanges Streben ist es für alle. Natürlich hat „der" Mensch mit seinem Verstand diese Zivilisation selbst geschaffen. Warum sollte er darin mit eben diesem Verstand nicht zurechtkommen?

Machen Sie einmal folgendes Gedankenexperiment: Die Anpassungsleistung jedes einzelnen Menschen an die (von den Menschen selbst) so radikal veränderte Lebensweise insbesondere in einer Großstadt ist gewaltig. Nahezu jede Kleinigkeit muss man lernen: Wie bediene ich einen Fahrkartenautomaten, wie überquere ich eine befahrene Straße? Und wie viel taugen unsere angeborenen Gefühle angesichts der modernen Situation? Wann sollte ich meine Freude zeigen und wann meinen Zorn zurückhalten? Bei dem ständigen Zuwachs an Komplexität in unserer Umwelt ist es nicht verwunderlich, dass Forscher überlegen, ob jetzt nicht ein Zeitpunkt gekommen ist, in dem immer mehr Menschen diese Anpassung nicht mehr schaffen.

Es könnte sein, dass die auffallend schnelle Zunahme der Burnout-Fälle eben nicht eine Modeerscheinung ist, sondern Folge eines *echten neuen Problems für die Menschheit*.

Ich werde einige interessante Aspekte dazu in Kapitel 3, das von den äußeren Ursachen des Burnout handelt, diskutieren.

Auch die emotionalen Systeme müssen dazulernen

Viel wichtiger und interessanter noch ist die Einbeziehung der *Emotionspsychologie* in unsere Betrachtungen. Nicht nur die Gefühle selbst, sondern manche unbewussten Mechanismen unseres Gehirns wie Stimmungen, Antriebe oder Temperamente, die man als *emotionales System* zusammenfassen kann, spielen eine meist gewaltig unterschätzte Rolle bei unserem Verhalten und ganz speziell beim Burnout. Das gilt insbesondere für diejenigen, deren Anpassungsmöglichkeiten an den Stress des modernen Lebens, an die Notwendigkeit ständiger individueller Entscheidungen, an das Einfügen in knappe Zeitpläne und anderes mehr an ihre persönlichen Grenzen getrieben werden.

Ich werde ab Kapitel 5 die Grundlagen des emotionalen Systems besprechen. Hier erfahren Sie, wie man den schädlichen Folgen von *psychischem Stress* vergleichsweise einfach, aber wirksam begegnen kann, wie man seine *Stimmung* wieder weitgehend in den Griff bekommt, wie man eine pessimistische Haltung in den nachweislich viel erfolgreicheren *Optimismus* wandelt, wie man mit der inneren Kündigung so umgeht, dass man selbst als Sieger zurückbleibt, oder wie man mit Hilfe guter Freunde und einiger Ausdauer sogar falsche *Einstellungen* und Vorurteile korrigiert.

Der Prozess des Burnout verstärkt sich selbst im Sinne eines Teufelskreises, einer sogenannten positiven Rückkopplung. Während dieser Entwicklung ändert Burnout sein Gesicht, das heißt, es ändert sich das seelische *Befinden* des Betroffenen und sein *Verhalten*. Diese Veränderung werden Sie auf drei Ebenen kennenlernen: Erstens wird die direkte Reaktion auf die vielfältigen wechselnden *Ursachen* geschildert (Kapitel 2), zweitens wird der Verlauf mit seinen vielen Symptomen begleitet (Kapitel 1 und 4) und drittens werden Sie ab Kapitel 5 wichtige *psychologische* Phänomene in ihren vernetzten Funktionen erkennen lernen.

Lernen Sie den Burnout-Prozess als das verstehen, was er vorrangig ist: als eine Störung der empfindlichen Abstimmung wichtiger, meist unbewusster Mechanismen des Gehirns, als *Steuerungsproblem* in einem komplexen Netzwerk.

Stress und Selbstzweifel als Hauptprobleme

Wenn man die vielen Puzzleteile, die eine fast unübersehbare Forschung inzwischen zusammengetragen hat, mit etwas Abstand betrachtet, ergibt sich tatsächlich ein schlüssiges Bild, wie ich im Folgenden zeigen werde. Sie werden nachvollziehen können, dass widrige äußere Einflüsse auch sehr robuste Persönlichkeiten zum Straucheln bringen können, wenn die Umstände ungünstig sind. Es wird offensichtlich, dass übermäßige Selbstzweifel in einem überlasteten Gehirn einen Wendepunkt markieren, weil sie eine Weiche umstellen.

> Zweifel zernagen das Selbstwertgefühl, das zuvor die Persönlichkeit getragen hatte. Wenn die Hoffnung keine Nahrung mehr findet, also versiegt, ist der Weg in eine schwere Gemütskrankheit vorgezeichnet.

Und natürlich weiß jeder, dass es dann nichts nützt, wenn man zwar das gestörte Selbstwertgefühl stützt, aber die krankmachenden Stressursachen nicht radikal ausschließt. Inzwischen wissen wir, dass es keine „typische Burnout-Persönlichkeit" gibt, keine psychische Konstellation, mit der man wahrscheinlich Burnout bekommt. Aber man kennt problematische Ausgangslagen. Es ist also einerseits unsere komplizierte Technik, die den Menschen stresst, und andererseits der zur Selbstverwirklichung ermunternde Individualismus, der das „soziale Wesen" Mensch in mancher Hinsicht isoliert, auch wenn das auf den ersten Blick nicht so scheint. Der Mensch hat beide mit seinem Verstand geschaffen. Jetzt muss er diesen Verstand nutzen, um gesund zu bleiben und um vom Fortschritt auch zu profitieren. Dazu werde ich Ihnen Möglichkeiten aufzeigen.

Dem in diesem Buch vorgegebenen roten Faden werden Sie allein mit den psychologischen Erfahrungen, die Sie in Ihrem bisherigen Leben gesammelt haben, folgen können. Einige sehr interessante psychologische Zusammenhänge werden Sie hinzulernen. Daraus können Sie einleuchtende Möglichkeiten zur Hilfe für die Betroffenen und für die eigene Vorsorge ableiten. Auch wenn Forschung und Literatur zum Burnout mittlerweile geradezu unübersehbar geworden sind, sind die wichtigsten Fakten und Zusammenhänge in diesem Buch verständlich und nachvollziehbar dargestellt. Wenn Sie dann noch weiter ins Thema einsteigen wollen oder sich tiefer mit dem emotionspsychologischen Hintergrund beschäftigen wollen, empfehle ich Ihnen die *weiterführende* Literatur in den Lesetipps im Anhang. Ich würde mich sehr freuen, wenn Sie durch dieses Buch angeregt werden, sich mit den vielfältigen Aspekten des Themas auseinanderzusetzen.

Ich habe grundsätzlich davon abgesehen, für jeden interessanten Gedanken, mit dem ich argumentiere und der nicht von mir stammt, einen oder mehrere Autoren zu zitieren. Das würde flüssiges Lesen erschweren. Mein Buch soll Verständnis schaffen für sehr praktische Bedürfnisse von Laien. Es könnte vielleicht Ideen auslösen für weiterführende Forschungen. Aber in der Form eines Ratgebers muss es keine Fundgrube für Literaturrecherchen sein, zumal von Mathias Burisch eine ausgezeichnete Zusammenstellung vorliegt.

1 Der Weg in den Burnout

Der Burnout-Prozess hängt immer vom Wechselspiel zweier Faktorenkonstellationen ab: Auf der einen Seite sind das die psychischen Reaktionen des Betroffenen, der sich zunehmend „unnormal" verhält, auf der anderen ist das seine Umwelt, die er auf vielfältige Weise und immer stärker als feindlich erlebt.

Fallbeispiele: drei Schicksale

Sie haben bereits erfahren, dass das Burnout-Phänomen rund 130 Symptome umfasst. Da eine bloße Aufzählung mit all diesen Symptomen jedoch eher verwirrend als aufschlussreich wäre, schildere ich im Folgenden zunächst die Krankheitszeichen von drei unterschiedlich veranlagten Menschen als Beispiele für den Krankheitsverlauf (im übernächsten Kapitel erhalten Sie dann eine Zusammenstellung der wichtigsten Symptome in Gruppen).

Der Prozess des „Ausbrennens" wird zweckmäßig in Phasen eingeteilt, auch wenn der Weg in die Aussichtslosigkeit bei jedem anders verläuft. Durch diese Gliederung ist es leichter nachzuvollziehen, warum das charakteristische Verhalten einerseits von der Konstitution des Betroffenen und andererseits von Art und Intensität der Probleme mit seiner Umwelt abhängt. Derartige Persönlichkeitsveränderungen können tiefgreifend und schrecklich sein.

Die Lehrerin Beate K. wirkt vielleicht etwas streng, mag keine Widerworte, weiß viel und teilt dies gerne mit. Sie meint es gut mit ihren Schülern und versucht auf sie einzugehen. Man spürt, wie viel ihr daran liegt, dass die Kinder die Materie verstehen und möglichst viel davon für das Leben mitnehmen. Und sie bringt Verständnis dafür auf, dass die Kinder auf einen spielerischen Umgang mit den Lehrinhalten am besten ansprechen. Wenig Verständnis hat sie dagegen für Unaufmerksamkeit, Unordnung oder ungezogenes Benehmen. Bei der Überwachung von Strafarbeiten ist sie unerbittlich.

Ganz reibungslos verläuft ihr Unterricht natürlich nicht. Sie hat einige Schwierigkeiten, die Disziplin aufrechtzuerhalten. So wird sie gelegentlich laut und energisch, was viele Schüler jedoch bald nicht mehr beeindruckt. Sie ertappt sich gewissermaßen dabei, wie sie ihre guten Vorsätze durchbricht und Kinder anschreit, die Unsinn treiben oder andere von der Mitarbeit abhalten. Beate K. bemüht sich, ihr aggressives Verhalten auszugleichen, indem sie Problemkinder nach dem Unterricht zu sich holt, mit ihnen zu sprechen versucht und ihnen ins Gewissen redet. Ihre Bemühungen scheinen jedoch selten zu fruchten; Beate K. meint Undankbarkeit zu spüren, obwohl sie sich doch so engagiert und sogar kostenlos Nachhilfe gibt.

Fragt man bei den Schülern nach ihrer Beliebtheit, hört man, dass sie „ganz in Ordnung" sei. Beim Elternabend wirkt sie gut informiert, ruhig, aufgeschlossen – insgesamt könnte man „souverän" sagen.

Jahrelange Überaktivität
steht oft am Anfang

Wir verlassen Beate K., die in dieser Art nun schon jahrelang ihrem Beruf nachgeht, um Herrn Sven B. kennenzulernen. Er ist 30 Jahre alt, wirkt eher jünger und sehr dynamisch. Er hat sein Studium der Betriebswirtschaft mit sehr gutem Erfolg abgeschlossen. Aufgrund seiner hervorragenden Zeugnisse und mit persönlichen Empfehlungen bezüglich seiner charakterlichen Eignung hat er sofort eine führende Position in einem großen Betrieb seiner Heimatstadt erhalten.

Die Chance erfüllt ihn mit Freude und gewaltigem Eifer. Er will allen beweisen, dass er zu weit überdurchschnittlichen Leistungen in der Lage ist. Sven B. fühlt sich stark genug, die Firma voranzubringen – und er setzt das um: Morgens kommt er als Erster ins Büro, abends bleibt er länger als alle anderen. Er führt zahlreiche Neuerungen ein, begegnet allen Widerständen und lässt sich auch durch Misserfolge nicht bremsen.

Durch diese Erfolge in diversen Abteilungen erringt er zuletzt Schlüsselpositionen, und es ist wenig verwunderlich, dass er sich schließlich für wichtig und unentbehrlich hält: Er ist es. Sein Terminkalender ist übervoll, sein Smartphone fast immer aktiv. Er absolviert einen Kurs in „Multitasking" und geht in jeder Minute in seiner Arbeit auf, auch zu Zeiten, in denen er nicht in der Firma ist, sondern beim Essen, auf Reisen, beim Sport und sogar während eines freien Wochenendes. Sein persönliches Umfeld kommt dabei zwar zu kurz, auch zu einem richtigen Urlaub ist keine Zeit, doch das hohe Einkommen und die Aussicht auf eine weitere Gehaltserhöhung spornen Sven B. an, so weiterzumachen.

Eigentlich genießt er diese *Phase der Hyperaktivität.* Er ist in seinem Element: Er verkehrt mit zahlreichen Geschäftsfreunden in ähnlichen Aufsteigerpositionen und unter ähnlichen Arbeitsbedingungen. Er ist stolz auf seine Belastungsfähigkeit. Der regelmäßige Gesundheitscheck zeigt nichts Besonderes. Gegenüber Freunden, die zur Mäßigung mahnten, verweist er auf die vielen Arbeitskollegen, die ein derartiges Arbeitspensum schon jahrelang ohne Schaden absolvieren.

Selbstzweifel

Natürlich gibt es im Betrieb zunehmenden Widerstand von Kollegen, denen er auf die Füße getreten ist, von Mitarbeitern, die seine Gewalttour nicht mitmachen konnten oder wollten oder infolge von einsamen, aber falschen Managemententscheidungen zunehmend in die Opposition gingen. Bisher hat Sven B. dergleichen immer durchgestanden, weggesteckt, verdrängt.

Aber jetzt verfolgen ihn die Probleme in der Nacht. Hatte er immer richtig entschieden? War er überhaupt in der Lage, alles noch zu überblicken? Er spürt im Unterbewusstsein, dass er nicht mehr nachhaltig entspannen kann, dass er getrieben und eigentlich erschöpft ist. Doch er will nicht wahrhaben, dass er nicht mehr Herr der Lage ist. Sven B. geht nicht mehr mit dem früheren Elan zur Arbeit, sondern fühlt sich schon morgens unausgeschlafen.

Das beeinträchtigt seine frühere Souveränität. Dass er auf einmal ganz anders ist als all die Jahre vorher, spüren seine Mitarbeiter deutlicher als er. Er reagiert immer häufiger aggressiv und explodiert sogar hin und wieder. Seine frühere idealistische Sicht auf berufliche Angelegenheiten und seine Umgänglichkeit werden durch einen harten Zynismus verdrängt. Eigentlich findet Sven B., dass seine unfähige Umgebung diesen harten Umgangston verdient hat: Er gibt ihr die Schuld an den verschlechterten Beziehungen und zieht sich schrittweise auch aus allen persönlichen Bindungen zurück. Schließlich wirkt er verbittert. Dass andere von ihm enttäuscht sind, weiß er nicht, da er die „störenden" Kritiker und Gegner längst aus seinem Einflussbereich entfernt hat. Vielleicht erkennt er selbst, dass eine Veränderung seines Verhaltens stattgefunden hat, vielleicht spürt er auch nur eine Minderung seiner Energie und Lebensfreude oder die Angst, dass er seinen Aufgaben nicht mehr gewachsen war. Immer häufiger versucht er sie nun mit Alkohol zu verdrängen, immer häufiger kommt er später zur Arbeit oder geht unter einem Vorwand vorzeitig. Auf die anfängliche *Phase der Lustlosigkeit* folgte damit eine der beginnenden *Selbstzweifel*.

Bei Sven B. hatte eine *Persönlichkeitsveränderung* stattgefunden. Früher hatte er sich mit Freude und aus innerem Antrieb zu Höchstleistungen gesteigert. Nun steht er vor der Frage, ob er sich schlicht überfordert hat, ob seine Kraftreserven aufgezehrt sind oder ob äußerer Einfluss irgendeinen Schalter in seinem Gehirn umgelegt hat. Er ist ein anderer geworden, wie er sich schließlich eingestehen muss. Seine letzten Freunde bedauern ihn und überlegen, wie sie ihm helfen können; Übelmeinende vermuten, dass sein wahrer Charakter jetzt erst zutage trete.

Wie lange ein „Ausbrenner" sich seine Schwierigkeiten nicht anmerken lässt, hängt vom Ausmaß seines Narzissmus ab, sagen die Psychologen: Je stärker er an seinem Image vom „starken Mann" hängt, desto länger wird er nicht jammern.

Es trifft nicht nur die, die besonders aktiv sind

Im Vergleich zu Herrn B. hatte die Lehrerin Beate K. keine anfängliche *Phase der Hyperaktivität* durchgemacht (siehe Abbildung 2, Seite 39). Diese ist für eine Burnout-Karriere auch nicht zwingend, aber immerhin typisch. Es ist also nicht immer so, dass die Betroffenen sich erst einmal über Gebühr verausgaben müssen, ehe das Versagen beginnt. Bei Frau B. erfuhr der ganz normale Lebensweg allmählich und heimtückisch eine Wende. Aber schließlich geriet auch sie in eine *Phase der Aggressivität* und der *psychisch beding-ten Leistungsschwäche*, ähnlich wie Sven B.

Vordergründig ist sie enttäuscht, dass ihre so gut gemein-ten Bemühungen gerade um Problemschüler so häufig zum Misserfolg werden. Sie muss sich eingestehen, dass ihr Engagement nicht anerkannt und dass ihre Leistun-gen ihr nicht gedankt werden. Leise Zweifel kommen auf, ob es nicht an ihr selbst liegt: Vielleicht ist es ja sie, die Fehler macht und den Aufgaben nicht wirklich gewach-sen ist? Wieder einmal hatte sich ein besorgter Vater und Elternvertreter darüber beschwert – ungerechtfertigt und in plumper Weise, wie sie meint, – dass sie gelegentlich im Unterricht laut werde und den „armen gestressten Kin-dern" so viele Strafarbeiten aufgebe. Sie habe sie eben nicht genügend motiviert. Auch der Direktor hatte wegen zu viel Lärm in ihrer Klasse wieder gemahnt.

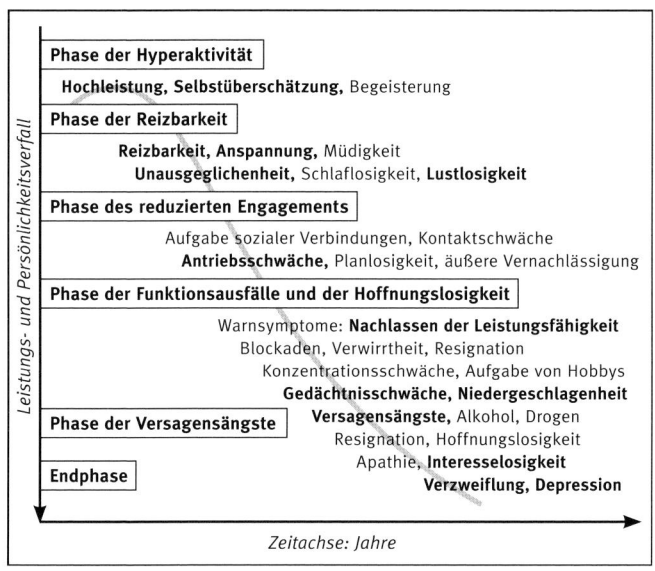

Abb. 2: *Persönlichkeitsverfall und Leistungsabnahme beim Burn-out-Prozess: Der Verlauf ist fortschreitend, solange die auslösende Stresssituation aufrechterhalten wird. Die vielfältigen Symptome, von denen hier nur eine kleine Auswahl aufgeführt ist, werden häufig in Phasen zusammengefasst (zu den Symptomen siehe auch Abbildung 3, Seite 47).*

Früher hatte Beate K. bei solchen Vorwürfen nur mit den Achseln gezuckt in der Überzeugung, dass ihr pädagogischer Weg der richtige sei. Jetzt rauben ihr die Vorwürfe den Schlaf. Am Ende eines anstrengenden Schuljahrs steht jeder neue Schultag wie eine kaum überwindbare Wand vor ihr. Sie mag die Kinder nicht mehr so wie früher, meidet Kinder eigentlich generell, weil ihr deren Lärm auf die Nerven geht. Sie steht nicht mehr über den kleinen Zwistigkeiten, sondern verwickelt sich darin. Sie stimmt in die allgemeinen Klagen mit ein, dass die Kinder heutzutage immer schlimmer würden. Für die Korrektur von Klassenarbeiten braucht sie immer länger. Sie kann sich einfach nicht mehr richtig konzentrieren.

Die Persönlichkeitsveränderung, die wir in dieser Schilderung bei zwei ganz unterschiedlich veranlagten Personen miterlebt haben, geschieht in aller Regel nicht plötzlich, sodass man eine bestimmte Begebenheit als Ursache ausmachen könnte und alle Mitmenschen aufmerksam würden oder gar Hilfe anböten. Es ist ein Prozess über Monate oder Jahre, daher für die Betroffenen und ihre Umgebung nicht gleich erkennbar.

> Wichtig: Die jetzt erreichte psychische Verfassung dieser beiden Beispiele als solche entspricht nicht unbedingt einer Krankheit. Auffällig ist die *Veränderung*, die in den Personen, in ihrem Verhalten und damit in ihrem Charakter vorgegangen ist.

Aus größerem Abstand betrachtet könnte man die veränderten Reaktionen noch mit den widrigen Umständen erklären. Grundsätzlich wäre jetzt wohl kaum zu entscheiden, ob hier ein Burnout beginnt oder ob Beate K. und Sven B. nicht nur stark belastet gewesen waren und sich nach einem ordentlichen Urlaub wieder fangen könnten.

Persönlichkeitsveränderung: anfangs schwer zu erkennen

Wer nun weiterliest, wird „nachträglich" erkennen, dass man schon in dieser Phase dringend Ratschläge hätte geben sollen. Gegen die geschilderten Wesensveränderungen anzugehen ist schwierig, aber Sie werden in späteren Kapiteln erfahren, wie man das mit Erfolg machen kann. Wenn man allerdings einen Test oder ein Maß hätte, an dem man schon so früh den ungünstigen Verlauf ablesen könnte, könnte man mit viel größerem Nachdruck eine Therapie in Erwägung ziehen.

Doch zunächst zurück zu Beate K. Sie ist inzwischen fast unmerklich bereits in ein weiteres Stadium des Prozesses hineingeglitten: vom Stadium der psychischen Schwäche und der Selbstzweifel in eine *Phase der Lustlosigkeit und des verminderten Engagements.* Sie kann ihre Aufgaben durchaus noch korrekt ausführen, wenn es notwendig wird, aber es fehlt das Interesse und die frühere Freude. Sie versucht, ihre Gleichgültigkeit zu verbergen, aber bei genauer Betrachtung hat sie viele ihrer bisherigen Lebensziele aufgegeben, konkrete und prinzipielle. Sie zieht sich von ihren Bekannten zurück mit einer Ausnahme: An ihre Tochter klammert sie sich förmlich, als hätte sie Angst vor dem Verlust des letzten Haltes.

Sven B. erlebt dieses Stadium, das die Wissenschaft auch das der *Stagnation* nennt, auf seine Weise: Er lässt sich infolge der Minderung seiner ursprünglich so anspornenden Motivation gehen und macht nur noch Dienst nach Vorschrift. Er behauptet, dass er sich nicht ausnutzen lassen will, fühlt sich aber auch wieder irgendwie schuldig. Problemen versucht er aus dem Weg zu gehen, weil alles Kämpfen doch keinen Sinn hat. Seine frühere optimistische Einstellung ist in einen allgemeinen Pessimismus umgeschlagen: Er glaubt selbst nicht mehr an seine alte Effektivität, wird unsicher, will es aber nicht wahrhaben. Jegliche Hilfsangebote von anderen lehnt er ab. „Die paar Psychoreaktionen" sind für einen Mann wie ihn kein Grund zur Aufregung, das vergeht sicher schnell wieder von selbst, redet er sich ein. Er will nicht begreifen, dass sich sein Charakter in bedenklichem Ausmaß verändert hat.

Auch Arbeitslosigkeit kann hochgradiger Stress sein

Es gibt nun auch Menschen, die *nicht* aus einer erfolgreichen Karriere heraus in den Burnout-Prozess hineingeraten, sondern umgekehrt aus einer tristen Situation. Ich möchte daher kurz ein drittes Beispiel anführen, nämlich den Versicherungsangestellten Peter S., der *arbeitslos* geworden ist. In den ersten Monaten schreibt er noch fleißig, aber erfolglos Bewerbungen, verliert daraufhin seine Familie und seine Freunde, schließlich zunehmend sein Selbstbewusstsein und findet schließlich, dass alles keinen Sinn habe.

Das klingt trotz der knappen Beschreibung logisch, die Hintergründe verdienen es aber, besser beleuchtet zu werden. Herr S. verlor durch die Kündigung nicht nur seine tägliche Arbeit. Sein ganzer Lebensentwurf zerbrach dadurch. Der Beruf war zwar nur eine Leitschiene gewesen, aber er gab seinem Alltag die Richtung und die wesentlichen Inhalte. Peter S. hatte gewusst, wo er hingehört, und für seine Zukunft schien gesorgt. Die Firma war auch ein Stück Heimat. Das existiert plötzlich alles nicht mehr. Der Boden scheint ihm unter den Füßen weggezogen. Wie soll es weitergehen?

Auf die erste Nachricht hin hatte er wütend überreagiert, dann reichlich Alkohol getrunken. Seine Frau verließ ihn deshalb mit den Kindern. Nun war er ganz allein, ohne sozialen Halt, ohne Ansprache. Er war verstört, verunsichert, haderte mit seinem Schicksal, aber er gab nicht auf. Arbeitsamt, Bewerbungen, Vorstellungsgespräche – zunächst war er beschäftigt. Aber jede Absage, jeder bedauernde Bescheid nagte an seinem Selbstwertgefühl. Eigentlich waren es keine negativen Beurteilungen. Aber er bekam zunehmend Zweifel an seiner Befähigung. Er wurde unsicher, immer mehr schmolz sein Selbstvertrauen.

Peter S. geriet in den Burnout, *ohne vorher besonders erfolgreich gewesen zu sein.* Denn: Langfristige Arbeitslosigkeit ist psychisch schwerer zu ertragen als ein stressiger Beruf. Dies soll deutlich machen, wie breit die Palette möglicher Ausgangssituationen ist bei einem Prozess, den man ursprünglich fast nur bei überforderten Leistungsträgern vermutet hatte.

Leistungseinbußen durch Unsicherheit und Hoffnungslosigkeit

Sven B. beginnt nun nach neuerlichen Misserfolgen zu resignieren. Mit seinem Pessimismus und der nun aufkommenden Angst, nicht mehr Herr der Lage zu sein, ist die Tür aufgegangen zur *„Phase der Hoffnungslosigkeit"*. Sein früher so ausgeprägtes Selbstwertgefühl war im Grunde schon stark eingeschränkt. Das Gefühl, im Beruf und im Leben zu versagen, in letzter Konsequenz weitgehend machtlos geworden zu sein, mündet jetzt in Niedergeschlagenheit und tiefer Enttäuschung. Ein Gefühl der inneren Leere lässt ihn immer öfter längere Zeiten antriebs- und tatenlos verharren. Soweit er noch Kontakt zu seinen Freunden hat, versuchen diese ihn zu motivieren oder ihm eine gründliche Erholung vorzuschlagen. Die konkurrierenden Kollegen zucken mit den Schultern oder drücken ihn an die Wand.

Beate K. ist auf vergleichbare Weise in das tiefe Tal der Frustration und Hoffnungslosigkeit abgerutscht. Sie lebt zurückgezogen und verbittert. Abrupte Stimmungsschwankungen machen ihr zu schaffen. Ihre Launenhaftigkeit, das Nörgeln an allem führt zu Konflikten mit den Angehörigen, die es doch gut mit ihr meinen, sich nun aber zurückziehen. Durch Misstrauen und entsprechende Unfähigkeit zu Kompromissen vergrault sie die früheren Kollegen.

Die Aufzählung der psychologischen Fehlanpassungen oder auch Entgleisungen und des Persönlichkeitsverfalls könnte man bei beiden Personen verlängern. Sie betreffen überwiegend das persönliche Empfinden und Befinden. Parallel fallen weitere Veränderungen auf, die man gewöhnlich beim Burnout als gesondertes *Stadium der Funktionsdefizite* abgrenzt. Erinnern Sie sich an den Vergleich des Burnout mit einem Industriebetrieb (siehe Seite 20): Bis zu diesem Zeitpunkt war nur Sand im Getriebe der Firma, Ärger bei den Mitarbeitern, Ratlosigkeit bei der Führung. Aber jetzt kommt es zu Produktionsschäden, zu Verzögerungen bei der Auslieferung an die Kunden usw. Wie geht es weiter?

Es ist eine *Periode der verminderten Leistungsfähigkeit* durch kognitiven Abbau, also ein Rückgang der geistigen, verstandesmäßigen Reaktionsfähigkeit. Der Umgebung fällt die Unsicherheit besonders bei Entscheidungen auf, aber auch im Auftreten und in der Verfolgung von Zielen und bei der Ausführung von Pflichtaufgaben. Die offensichtliche Konzentrations- und Gedächtnisschwäche ist bei der Durchführung komplexer Aufgaben hinderlich, offensichtliche Ungenauigkeiten führen zu Fehlleistungen. Die verringerte geistige Flexibilität zeigt sich in der Ablehnung von Neuerungen und provoziert Probleme mit den Mitarbeitern. Desorganisation der Gedankengänge resultiert in Führungsfehlern und entsprechendem Organisationschaos. Nach unterschiedlich langen, aber immer häufigeren Perioden der Arbeitsunfähigkeit wird letztlich die Berufsunfähigkeit offensichtlich.

Derartige Störungen müssen im Berufsleben auffallen, auch wenn sie natürlich nie alle bei jedem und schon gar nicht abrupt und gleichzeitig auftreten. Bei der Schilderung des subjektiven Befindens war bereits zur Sprache gekommen, dass vom Burnout betroffene Personen häufig jede Hilfe bezüglich der Schwäche ihrer Leistung oder der Veränderung ihres Verhaltens ablehnen. Das ist für den Beobachter auch bis zu einem gewissen Grade nachvollziehbar: Man mag diese Schwächen nicht wahrhaben und nicht eingestehen. So rechtfertigen oft erst gravierende Vorkommnisse ein energisches Einschreiten. Dann ist schon kostbare Zeit vergangen, viel Porzellan zerschlagen und vielleicht der günstigste Zeitpunkt zum Helfen schon verstrichen. Aber es ist dafür nie zu spät.

Wenn nichts mehr geht, ist ein Arzt nötig

Heute wissen wir, wie gefährlich ein Burnout ist. Um rechtzeitig einzugreifen, müssen wir ihn noch besser kennenlernen, damit wir umso eher die Notbremse ziehen können. Die Abbildung 3 verdeutlicht, dass man Burnout mit vergleichsweise einfachem psychologischem Rüstzeug in den Griff bekommen kann, solange eine gewisse Grenze noch nicht überschritten ist, dass aber jenseits dieser Grenze die Hilfe eines Arztes oder Psychotherapeuten notwendig ist. Dieses Verständnis von gewissen Mechanismen, die ich in den weiteren Kapiteln noch genauer erläutern werde, ermöglicht sogar dem Betroffenen, selbst gegenzusteuern, sofern er einsichtig ist.

Besser noch: Wer noch gar nicht in diesen Prozess verwickelt ist, kann z.B. im Alltag seine Stressreaktionen rechtzeitig wieder zurückfahren, vorsorglich seine Stimmung zu regulieren versuchen und häufiger optimistisch reagieren.

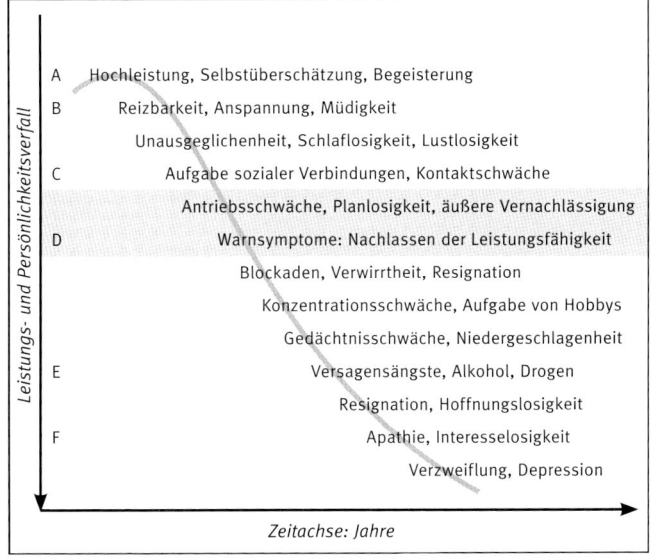

Leistungs- und Persönlichkeitsverfall

A Hochleistung, Selbstüberschätzung, Begeisterung

B Reizbarkeit, Anspannung, Müdigkeit

Unausgeglichenheit, Schlaflosigkeit, Lustlosigkeit

C Aufgabe sozialer Verbindungen, Kontaktschwäche

Antriebsschwäche, Planlosigkeit, äußere Vernachlässigung

D Warnsymptome: Nachlassen der Leistungsfähigkeit

Blockaden, Verwirrtheit, Resignation

Konzentrationsschwäche, Aufgabe von Hobbys

Gedächtnisschwäche, Niedergeschlagenheit

E Versagensängste, Alkohol, Drogen

Resignation, Hoffnungslosigkeit

F Apathie, Interesselosigkeit

Verzweiflung, Depression

Zeitachse: Jahre

Abb. 3: *Persönlichkeitsverfall und Leistungsabnahme beim Burnout-Prozess (die wichtigsten Symptome): Bis zu einer gewissen Übergangszone handelt es sich um „übliche" Stressfolgen, in erster Linie um Erschöpfung. Sie gehen meist nach einem langen Erholungsurlaub oder einer Kur wieder vollständig zurück. Unterhalb der Übergangszone jedoch finden wir Persönlichkeitsveränderungen, die der Betreuung eines Arztes oder Psychotherapeuten bedürfen.*

Familienangehörige oder Kollegen haben oft schon lange Zeit den Verdacht, dass bei einem bestimmten Mitmenschen ein Burnout vorliegt. Aber der will es nicht wahrhaben. Da ist dann immer die Feststellung eines *eindeutigen Funktionsdefizits* eine hilfreiche Bestätigung dieses Verdachts. Konkretes intellektuelles *Versagen* bei einem zuvor immer leistungsfähigen Menschen kann als verständlicher Grund dienen, eine nachhaltige Hilfe zu empfehlen, ehe es zum Verlust des Arbeitsplatzes oder anderen nur noch schwer auszugleichenden Nachteilen kommt. Wichtigste Maßnahme dürfte dann immer das *Hinzuziehen eines Arztes* sein.

Begleitphänomene: psychosomatische Erkrankungen

Damit komme ich zu einem anderen Thema, nämlich zu *organisch*-gesundheitlichen Begleiterkrankungen. Es ist nicht verwunderlich, dass bei einem letztlich derartig brutal in die psychische Konstellation eines Menschen eingreifenden Prozess früher oder später auch *körperliche* Beschwerden empfunden werden, meist im Sinne von *psychosomatischen Erkrankungen* (Näheres dazu im Kapitel 4). Grundsätzlich werden dabei bisher kompensierte körperliche „Schwachstellen" des Körpers durch Vermittlung von Nerven oder Hormonen derart gestört, dass in ihrem Organbereich eine echte Erkrankung ausgelöst wird. Diese bedeutet, so merkwürdig es klingt, einen großen Vorteil für Außenstehende, die über den psychischen Zustand des Betroffenen besorgt sind und daher helfen wollen.

Derartige psychosomatische Beschwerden können im Prozess des Burnout schon früh auftreten, und zwar an verschiedenen Organsystemen. Sehr häufig sind außer den schon genannten Symptomen solche im Herz-Kreislauf-System, also Herzschmerzen, Herzjagen (schneller Puls), Herzklopfen (oft wegen erhöhten Blutdrucks), Rhythmusstörungen, Kreislaufschwäche (siehe Tabelle 1, Seite 63). Das kann sich bis zum Herzinfarkt, also einer echten Gefahr, steigern. Häufig ist auch als erstes Organsystem der Magen-Darm-Trakt betroffen: Da stören dann Übelkeit und Erbrechen, Bauchschmerzen, auffällige Unverträglichkeiten, Durchfälle. Im schlimmsten Falle entwickelt sich ein Magengeschwür, das auch durchbrechen und damit lebensgefährlich werden kann.

Symptome einer „wirklichen" Krankheit können wir viel eher zugeben als Konzentrationsschwäche oder Versagensängste: Bei Kopfschmerz, Schlafstörungen oder Magenschmerzen gehen andere auch zum Arzt. Allerdings: Der Arzt kann diesen Symptomen und dem Auftreten des Patienten in seiner Praxis oft nicht entnehmen, welche *psychischen* Symptome in der Firma oder in der Familie auffällig wurden. Diese sollte der Patient preisgeben.

Hilflosigkeit in der Schlussphase

Der psychische Leidensweg der drei Burnout-Betroffenen in unseren Fallbeispielen kann zu noch Schlimmerem führen, wenn er in dieser Phase nicht beendet wird. Man definiert noch eine *Phase der Desillusionierung und Verzweiflung*: Der jetzt offensichtlich psychisch Kranke zieht sich in sich selbst zurück. Falls er überhaupt noch arbeitet, gelingt das nur mit großer Anstrengung, auch nur mit Überwindung einer inneren Abneigung. Denn seine negative Lebenshaltung resultiert in der Entwicklung sogenannter „dysfunktionaler Einstellungen". Er fühlt sich angegriffen, verfolgt, weist anderen ungerechtfertigt die Schuld an seinem Zustand zu. Er kann jetzt sehr niedergeschlagen, misstrauisch oder verzweifelt sein. Schließlich wird er depressiv.

Wer noch nie direkt mit Depression zu tun hatte, kann diesen *Zustand völliger Hilflosigkeit* und Apathie nicht wirklich ermessen. Der oder die Betroffene weiß meist noch recht genau, dass er dieses oder jenes nun dringend machen müsste. Man kann es ihm auch immer wieder sagen, kann ihm gut zureden. Aber er sitzt nur noch da, zusammengesunken, und hat nicht mehr die Kraft, sich zu irgendeiner Reaktion aufzuraffen. Es fehlt nicht nur die körperliche und die psychische Kraft, es ist für ihn auch alles einfach sinnlos.

Zum Glück wird in dieser schrecklichen Situation nur sehr selten Selbstmord verübt. Obwohl der Kranke zu keiner Aktivität mehr fähig ist, sieht er oft im Tod die einzige Lösung, da er so nicht weiterleben will. Wird eine Behandlung eingeleitet, muss der Arzt genau darauf achten, dass nicht nur die Kräfte des Patienten zurückkehren, sondern gleichzeitig auch seine Hoffnung auf Besserung.

Sie haben nun, gewissermaßen im Schnellverfahren, einen Überblick über die vielseitigen Veränderungen gewonnen, die ein Burnout-Prozess zur Folge haben kann. In der Schilderung von Einzelfällen dürften bereits viele der zahlreichen Symptome, die man dem Burnout zuschreibt, nachvollziehbar geworden sein, zumal auch schon manche begleitenden Psychomechanismen angedeutet wurden. Ich werde im nächsten Kapitel versuchen nachzuempfinden, was in den betroffenen Menschen vorgeht und wie man sich Schritte des Prozesses vorstellen kann. Derartige Erkenntnisse können dann nämlich die Grundlage für Vorschläge von Gegenmaßnahmen oder zur Vorbeugung sein.

Das Wichtigste noch einmal in Kürze:
- Burnout wird seit knapp 40 Jahren immer häufiger diagnostiziert, wenn ein Zustand zunehmender Erschöpfung auffällt.
- Diese Veränderungen steigern sich in einem chronischen Verlauf über Unruhe und Anspannung bis zu Verzweiflung, Hilflosigkeit und Depression.
- Der Prozess ist (noch) nicht als Krankheit anerkannt. Er beginnt als Interpretations- oder Organisationsstörung in neuronalen Netzwerken des Gehirns.
- Er wird durch vielfältige Belastungen und andere Umweltfaktoren vornehmlich in einer hektischen Arbeitsatmosphäre verstärkt.
- Der Verlauf kann in Phasen unterteilt werden und beginnt häufig mit Hyperaktivität und Selbstüberschätzung, kann aber auch aus dem Frust langdauernder Arbeitslosigkeit entstehen.
- Diese mentale Koordinationsstörung führt zu Funktionsdefiziten und schließlich zur Arbeitsunfähigkeit.
- Beim Auftreten körperlicher (psychosomatischer) Symptome oder bei Häufung offensichtlicher Fehlleistungen ist ein Arzt hinzuzuziehen.

2 Burnout verändert die Persönlichkeit

Das Burnout-Syndrom kann eine erschreckende Entwicklung nehmen und für den Betroffenen schwerwiegende Konsequenzen haben. Jedoch: Wirksame Hilfe ist möglich. Dazu müssen wir zunächst verstehen, was da überhaupt vor sich geht, was in der Psyche des Betroffenen falsch läuft und welche Mechanismen des Gehirns betroffen sind. Die Fallbeispiele haben gezeigt, dass *letztlich die ganze Persönlichkeit* verändert ist. Daher beginne ich mit einigen Erörterungen aus der Persönlichkeitspsychologie: Ich werde zeigen, dass der Burnout-Prozess den *Kern der Persönlichkeit* angreift, dass das Geschehen dort wichtige Funktionen stört und dass man genau dort auch mit der Hilfe beginnen muss.

Das Selbstbewusstsein lebt von Erinnerungen und Selbstwertgefühl

Ein Zentrum jeder Persönlichkeit ist das *Selbstwertgefühl*. Das hat selbstverständlich jeder Mensch, darum denkt man nicht extra darüber nach. Da das Selbstwertgefühl aber für das Verständnis des Burnout wichtig ist, müssen wir uns näher damit beschäftigen: Dieses innerste Gefühl ist eine Quelle des Selbst*bewusstseins*, mit dem man nach außen

hin auftritt. Wenn Sie an unsere drei Beispielfälle zurück-
denken, wird deutlich, dass bei allen drei Personen dieses
Selbstwertgefühl zunehmend beschädigt und am Schluss
praktisch verloren gegangen war. Das trifft sogar für den
Arbeitslosen Peter S. zu, von dem man allerdings anneh-
men kann, dass sein Selbstwertgefühl von Anfang kein sehr
starkes Selbstbewusstsein erzeugt hat. Das bedeutet aber
nur, dass auch ein schwaches Selbstbewusstsein erschüttert werden kann, dass also ein zu starkes Selbstbewusstsein des Überaktiven keine zwingende Voraussetzung für
die Erkrankung ist.

Die Psychologie lehrt uns, dass beides, das Selbstwertgefühl und das Selbstbewusstsein, wesentlich aus dem sogenannten *autobiografischen Gedächtnis* gespeist werden: Alles,
was das Individuum getan oder erlebt hat, allem voran
seine Erfolge, auf die es stolz ist, die seinen Wert in dieser Welt begründeten und auf denen es weiter aufgebaut
hat, sind mehr oder weniger vollständig, zumindest aber
als Erinnerungsanteile oder Einzelinfos dieser Funktion
des Gedächtnisses zusammengeschaltet: Man kann sich an
sie erinnern. Je weiter die Ereignisse zurückliegen, desto
mehr sind sie natürlich verblasst. Aber auf irgendeine
Weise prägend waren sie alle einmal. Sie formten die Lehren, die wir im Leben aus unseren Erlebnissen, aber auch
aus abstrakten Erwägungen gezogen haben, und die dann
zu *Erfahrungen* wurden. Das Gehirn hat sie alle „gelernt",
und zwar automatisch. Man weiß, „wer man ist", dass man
sich behaupten kann, und man kennt auch seine kleinen

Schwächen und die Tricks, sie zu überspielen – kurz, wir haben ein bestimmtes Bild von uns.

Ich schweife hier kurz ab und beschreibe eine Grundlage der Lernpsychologie. Unser Gehirn lernt auf zweierlei Weise ganz automatisch: Einmal speichert es *Einzeldaten*, also z. B. Vokabeln einer Sprache, (Fach-)Begriffe, Ereignisse. Jeder weiß das aus seinem Alltag. Andererseits bildet das Gehirn von sich aus, also automatisch, aus mehreren Einzeldaten, die einander ähnlich sind, Mittelwerte. Das ist sogar eine bedeutende Spitzenfähigkeit des Gehirns: Gruppen von Daten zu einem *Begriff* zusammenzufassen und dafür ein *Symbol* zu schaffen, um schließlich mit solchen Symbolen zu arbeiten. Gemeint ist die Fähigkeit, z. B. aus vielen Bäumen einen Wald zu abstrahieren, um dann über Waldwirtschaft oder Waldsterben reden zu können. Wer „den Wald vor lauter Bäumen nicht sehen" kann, hat große intellektuelle Nachteile.

Diese Fähigkeit benutzt unser Gehirn ganz besonders, wenn wir unsere *Einstellungen* bilden: Wer häufig mit Lehrern zu tun hat, hat sich seine Meinung zu „den" Lehrern gebildet. Der Begriff, den er da in seinem Geist parat hält, mag ziemlich wandelbar, vage, sicher subjektiv und wohl auch fehlerhaft sein. Aber er denkt zunächst mit dieser Einstellung. In gleicher Weise hat er sehr viele andere Einstellungen: Zu „den" Politikern, zu Computern, Sportwagen, zum Fußball, zur Mülltrennung, zu Vegetariern, Kaufhäusern, aber auch zu Ehrlichkeit oder zu Fleiß oder zu Stress. Unser Gehirn ist voll von diesen Einstellungen und denkt damit. Dass sie alle mit bedeutsamen *emotionalen Bewertungen* verbunden sind, erfahren Sie in Kapitel 5. Die Einstellungen können einerseits abgeschwächt als *Meinungen* geäußert werden, sie können andererseits aber auch zur *Überzeugung* und damit zur Grundlage eines *Prinzips* werden.

Das Selbstwertgefühl ist unsere Meinung von uns selbst

Die interessanteste und im Zusammenhang mit unserem Thema wichtigste derartige Einstellung ist unsere Meinung von uns selbst. Unser *Selbstwertgefühl* schwankt zwar in Abhängigkeit von zufälligen vordergründigen Tageserlebnissen, aber es basiert letztlich auf den Erfahrungen, die wir das ganze Leben mit uns selbst und unseren Fähigkeiten und Taten gemacht haben. Sind unsere Erfahrungen gut, begründet das Gefühl ein *Selbstvertrauen*.

Als kleinen Beweis dafür, wie sehr wir dadurch ständig in der eigenen Vergangenheit leben, sei hier das Phänomen des „gefühlten Alters" erwähnt: Jeder, der älter als 40 Jahre alt ist, fühlt sich selbst jünger, als er Gleichaltrige einschätzt. Das merken wir besonders bei Klassentreffen: Die früheren Mitschüler sind offenbar deutlich älter geworden – nur wir selbst *fühlen* uns jünger, als wir sind. Mit der Erinnerung an frühere Ereignisse wird nämlich auch das damalige Lebensgefühl wieder erinnert: Man spürt es jetzt wieder wie damals. Es wird in den „Mittelwert des eigenen Lebensgefühls", in die Einstellung zur eigenen Vitalität eingerechnet. Das beflügelt im Alltag, wir werden dadurch tatkräftiger.

Sehen Sie sich einmal in Ihrem Bekanntenkreis um: Sie finden darin Menschen mit sehr hohem Selbstvertrauen, sicher auch solche, die sich selbst überschätzen, aber auch am anderen Ende der Skala kennen Sie Menschen, die sich offensichtlich sehr wenig zutrauen. Von unseren drei Beispielpersönlichkeiten hatte sicher der leitende Angestellte Sven B. das höchste, in seiner gesunden Phase kaum zu erschütternde Selbstvertrauen, der Arbeitslose Peter S. das niedrigste.

Selbstkritik hilft bei der Anpassung an die soziale Umwelt

Warum beurteilen und verrechnen die Menschen ihren Eigenwert, also sich selbst, unterschiedlich? Da gibt es mehrere Antworten, aber für unser Problem heißt eine wichtige Begründung sicher: Selbstkritik. Jeder Mensch ist in der Lage, sich sozusagen über sich selbst zu erheben und sich „von oben" als scheinbar außenstehender Beobachter zu betrachten. Manche Psychologen benutzen das anschauliche Bild der „Hubschrauberperspektive": Bezogen auf aktuelle Konstellationen kann man über sich selbst urteilen.

Das ist eine der größten Leistungen des menschlichen Gehirns und Voraussetzung des „Ich-Gefühls", das außer uns nur sehr wenige Tiere haben dürften, jedenfalls nicht unser Hund. Man bezeichnet diese geistige Fähigkeit des Abstrahierens auch als Metafunktion. Das ist im Falle der Kritik die Steigerung dieser Fähigkeit auf eine höhere Ebene, auf der Kritik auch kritisiert werden kann.

Wieder könnten Sie sich einige Ihrer Bekannten vorstellen. Wem würden Sie ein hohes Maß an Selbstkritik zutrauen? Zum Beispiel so viel Selbstkritik, dass derjenige weitgehend gefeit ist gegenüber Lobhudelei oder ungerechtfertigten Ehrungen schon zu Lebzeiten? So viel Selbstkritik auch, dass er allzu überschwängliche Illusionen, die sich nach einem sehnlich erwarteten Erfolg als eine Art Siegestaumel einstellen, gleich wieder abbauen kann? Die meisten Menschen kehren dank ihrer Selbstkritik rasch wieder auf den Boden der Realität zurück, und das ist zweckmäßig für das „Überleben" in einer kritischen Umgebung. Übrigens kann man Selbstkritik auch übertreiben: Pessimisten erniedrigen ihren Selbstwert über Gebühr. Deren Charakter bietet jedoch eine interessante Eigenschaft, die man als Hilfsmöglichkeit gegen Burnout einsetzen kann (siehe auch Kapitel 8).

Zweifel verneint, Selbstzweifel macht unsicher

Eine negative Form von Kritik ist der *Zweifel*. Während Kritik durchaus konstruktiv sein kann, weil sie sowohl die guten als auch die schlechten Seiten eines Problems betrachtet, weil sie einen also weiterbringen kann, *verneint* der Zweifel. Er erkennt mögliche Argumente nicht an. Wenn der Kollege am Erfolg meines Vorhabens zweifelt, erwartet oder vermutet er im Klartext, dass es schief geht. Wenn ich andererseits an seinem Fachwissen zweifle, nehme ich an, dass er nicht gut genug ist, mein Vorhaben zu beurteilen.

*Selbst*kritik und *Selbst*zweifel beziehen sich nun weniger auf eigene Vorhaben als auf *eigene Fähigkeiten*. Der Selbstzweifel spricht einem diese ab. Genauer: Man spricht sich die Fähigkeit selbst ab. Das ist ein Urteil, das deprimiert: Man soll also nicht so gut sein, wie man von sich selbst vorher gedacht oder gehofft hatte? Das erzeugt wiederum Unsicherheit; ein Teufelskreis entsteht, der das Selbstwertgefühl immer mehr mindert, wie Abbildung 4 zeigt. Das „Ist" stimmt nicht mit dem „Soll" überein – und dann wird die *Stimmung* schlecht (mehr dazu in Kapitel 7).

Die (Selbst-)Zweifel zerstören schließlich die *Hoffnung*, z. B. die Hoffnung auf eine erfolgreiche eigene Zukunft. Und daraus kann dann die folgenschwere *Hoffnungslosigkeit* entstehen, die im Zusammenhang mit Burnout im vorigen Kapitel beschrieben wurde. Falls *viele* Zweifel zusammenkommen, scheint letztlich *alles sinnlos*. Und auch das ist typisch für Burnout.

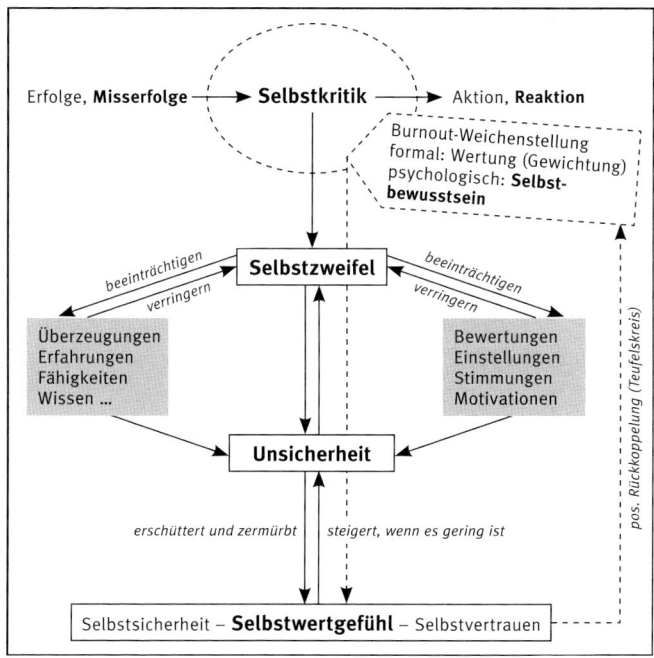

Abb. 4: *Selbstzweifel als zentrale Schaltstelle des Burnout: Zur Selbstkritik gehören immer auch gewisse Selbstzweifel, die Unsicherheit auslösen können. Die rationalen (verstandesmäßigen) Systeme (grau hinterlegt, links) sorgen aber für die Wiederherstellung von Sicherheit und Selbstwertgefühl. Die emotionalen Systeme (grau hinterlegt, rechts) sind daran beteiligt. Beim Burnout können gesteigerte Unsicherheit und vermindertes Selbstwertgefühl bzw. Selbstvertrauen die Richtigstellung behindern oder gar die Selbstzweifel vermehren (rechts gestrichelt). Es kann sich ein Teufelskreis der Selbstverstärkung entwickeln: Die Unsicherheit verstärkt die Selbstzweifel, die stärkeren Selbstzweifel verstärken dann umso mehr die Unsicherheit und mindern das Selbstwertgefühl zusätzlich.*

Wann entstehen solche Selbstzweifel? Grundsätzlich natürlich nach Misserfolgen und Fehlentscheidungen oder Verunsicherungen: Wenn eben das Selbstwertgefühl einmal nachlässt. Das kennt jeder. Das vergeht, beim nächsten Erfolgserlebnis. Wann aber werden die Selbstzweifel so mächtig, dass ein Burnout entsteht? Wer z. B. oft entscheiden muss, wird auch öfter Fehler machen. Für unsere individualisierte und technisierte Welt ist aber typisch, dass jeder sich ständig irgendwie entscheiden muss. Die Aufrechterhaltung von Sicherheit und Selbstvertrauen ist dann sehr komplex, wie in Abbildung 4 gezeigt. Und sie kostet jedenfalls geistige Kraft.

Mit der *Selbstkritik* kommt eine Funktion des Gehirns ins Spiel, deren Überfunktionieren eine Persönlichkeits*störung* einleiten könnte.

Die inneren Einstellungen setzen die Maßstäbe

Selbstkritik verunsichert, oft im Zusammenspiel mit Ängsten oder anderen Emotionen. Die Selbstkritik arbeitet ja nicht ohne Leitlinien und Maßstäbe. Sie orientiert sich außer an den äußeren Umständen grundsätzlich an selbstbestimmten Vorgaben, die im Gehirn abgelegt sind, also an *Einstellungen* zu vielerlei Sollwerten, also *Prinzipien*, an denen man sich im Leben ausrichtet. Sven B. z. B. war „prinzipiell" darauf eingestellt, immer korrekt und selbstbewusst bis zur Unbeirrbarkeit aufzutreten, loyal zu den Vorgesetzten, kollegial zu den Mitarbeitern, zuvorkommend zu den Kunden, aber auch höchst fleißig und sorgfältig. Er hatte sich Vorbilder gesucht und für viele Sachfragen klare Grundsätze entwickelt.

Seine Selbstkritik richtete daran nicht nur sein Selbstbild aus, sondern indirekt auch sein *Verhalten*. Das lässt sich auch bei den beiden anderen Beispielen nachvollziehen. Vielleicht ist es aber lehrreicher, wenn Sie versuchen, sich einige ihrer eigenen Einstellungen und Prinzipien anhand des Beispiels von Sven B. ins Bewusstsein zu holen: Sie haben feste Einstellungen und lasche, und Sie kennen sie alle genau.

Es sind außerordentlich viele Faktoren vorstellbar, die auf diese Ausrichtung der Selbstkritik einwirken und sie auch verändern können: innere Einflüsse wie Stimmungen, Temperament, Motivationen, mehr noch aber äußere Einflüsse wie Kollegen, Vorgesetzte, Gesetzgeber, Vorschriften usw. Täglich können solche Einflüsse schnelle *Anpassungen der eigenen Meinung* erfordern. Man muss flexibel denken im täglichen Geschäft, also Stellung nehmen, Entscheidungen treffen. Diese Art von Einstellung ist hier nicht gemeint.

Es werden auch *grundsätzliche* Anpassungen erforderlich, die man nicht einfach am Tagesgeschehen ausrichten und dann verdrängen kann: Einstellungen, die den Umgang mit politischen Meinungen oder mit Pflicht oder Entspannung oder mit Lebensgewohnheiten betreffen. Ich komme darauf im nächsten Kapitel zurück. Diese Probleme erlangen Einfluss auf unsere *Planungen* und Beurteilungen und da nicht selten auf unsere Kritik. Sie erzeugen Zustimmung und Zuwendung, aber auch Widerwillen und Abwehr oder auch Enttäuschung und sogar Angst.

Denn Einstellungen können falsch sein. Bekannt ist, dass ausgerechnet Burnout-Betroffene (unbewusst?) versuchen, ihre *Bewältigungsstrategien* mit negativen Einstellungen umzusetzen, z.B. mit Abneigung, Lustlosigkeit oder *Ängsten*, und dass sie damit dann eine Verschlechterung ihres Zustands verursachen.

Die Summe aller Bemühungen, sich trotz widriger Umstände an die Erfordernisse der Umwelt anzupassen und die erkannten oder nur gespürten Probleme zu bewältigen, bezeichnet man heute auch im deutschen Schrifttum als *Coping*. Es ist sozusagen die positive Seite der Kritik: Man überlegt, was man nicht so gut macht, aber ändern könnte, und versucht dann, Verbesserungsmöglichkeiten in die Tat umzusetzen. Tabelle 1 gibt einige Hinweise auf das weite Feld dessen, was man je nach persönlicher Lage an Änderungsmöglichkeiten in Erwägung ziehen könnte.

Auf den ersten Blick wirken die Ratschläge der Liste wie Allgemeinplätze. Aber alle Punkte der Tabelle können im Einzelfall eine tiefe Bedeutung haben. Jeder Punkt ist es wert, ihn kurz zu überdenken, sei es, um an sich selbst zu arbeiten, sei es, dass Sie an einen bestimmten Mensch aus Ihrem persönlichen Umfeld denken.

**Tab. 1: Was kann ich an meinem Verhalten ändern,
wenn Burnout droht?**

- Prioritäten setzen und Grenzen ziehen: „Was muss ich wirklich?"
- Rationelle Zeiteinteilung, aber kein Multitasking. To-do-Listen. Regelmäßige kleine Pausen machen und zur Entspannung nutzen.
- Keinen Perfektionismus pflegen, Ideale zurückstecken, Bürokratismus hinterfragen.
- Kontrollverlust vermeiden: Arbeitsumfeld optimieren oder reorganisieren.
- Probleme ansprechen, Konsens oder Kompromiss anstreben, Alternativen erwägen.
- Vorgaben realistisch formulieren, Einwände herausfordern und diskutieren.
- Den eigenen Rhythmus beachten, entspannen, Freizeit und Geselligkeit einplanen. Hobby und Erholung sollen nicht in Stress ausarten, auch wenn der Spaß macht.
- Work-Life-Balance: Nicht nur Arbeit, auch Sport und Muße müssen sein. Kultur als Gegengewicht (für den ganzen Menschen)!
- Mitmenschen: Immer den Kontakt suchen. Wer ist wirklich mein Freund?

Zusammengefasst: *Aktiv* etwas ändern und nicht *(passiv)* etwas vermeiden!

Diese Bemühungen um die Normalisierung sowohl der inneren Einstellung als auch des zweckmäßigen Verhaltens muss *jeder* für *sich selbst* besorgen, und zwar immer wieder. Auf den ersten Blick mag diese Feststellung an die Erzählungen des Barons von Münchhausen erinnern, der sich selbst am Schopf aus einem Sumpf herauszog. Diese Vorstellung ist natürlich absurd in unserer konkreten, sachlichen Umwelt, also im Bereich der *Mechanik*. In der *Psychologie* dagegen gelten ganz andere Gesetze. Besonders in der Psychiatrie weiß man seit hundert Jahren, dass man von außen an den Vorstellungen, Überzeugungen, Einstellungen, Prinzipien eines Menschen nichts ändern kann.

> Beeinflussungen aller Art funktionieren nur dadurch, dass das andere Individuum (durch Argumentation oder anderes) dazu gebracht wird, *selbst* seine Einstellungen oder Bewertungen zu ändern.

Auf die zielführende Idee mögen Ärzte oder andere kommen – machen muss es der Betroffene *selbst in seinem Gehirn*. Jeder muss selbst lebenstüchtig werden und bleiben!

Nicht angepasste Einstellungen machen unsicher

Die recht theoretischen Erwägungen über die Einstellungen haben konkrete Konsequenzen für das, was die Psychologie als „Persönlichkeit" bezeichnet und was oft etwas weniger präzise „Charakter" genannt wird. Unsere Hochleistungsgesellschaft wandelt sich schnell. Dadurch stellt sie unter vielem anderem auch sehr große Anforderungen an die Anpassung unserer Einstellungen. Der Beginn eines Burnout könnte folgende Gründe haben:

Es könnte sein, dass eine große *Zahl von Einflüssen* plötzlich im Sinne einer Reizüberflutung das Nervensystem überlastet. Dann wäre eine Unstimmigkeit der inneren Leitbilder, an denen man sich eigentlich ausrichten sollte, zu erwarten. Das sichere Urteil *der Selbstkritik* wäre gestört, man könnte das eigene Verhalten nicht mehr verlässlich ausrichten, man wäre schlicht *verunsichert*.

„Wäre …"? *Verunsicherung* ist überall: Welche Nahrung darf ich meinem Kind geben, damit es nicht zu viele Schadstoffe aufnimmt? Welche Nahrung macht mich krank, welche nicht? Wem darf ich glauben? Der psychisch Gesunde wird sich schließlich über alle Bedenkenträger und Medienhysterie hinwegsetzen und schlicht auf abwechslungsreiche Ernährung setzen. Normalerweise kann man Verunsicherungen durch Information und Überlegung ausräumen. Der in den Selbstzweifel-Mechanismen des Burnout Gefangene kann es nicht mehr. Er wird mit ihnen so oft konfrontiert, dass er schließlich ganz verunsichert ist.

Eine andere Möglichkeit: Eine Häufung von schlechten Erfahrungen oder von persönlichen Fehlern führt zu einer *schleichenden Umstimmung* der grundsätzlichen Einstellungen und der prinzipiellen Beurteilungen. Wenn z. B. die Einstellung zum Chef und zu seinen Anordnungen geprägt wird durch unterschwelligen Protest und unbewusste, gefühlsmäßige Ablehnung, also ohne dass man ausdrücklich darüber nachdenkt, dann könnte man dem Chef gegenüber irgendwie *unsicher* werden, würde vielleicht Fehler machen und sich zurücknehmen. Der Verunsicherte könnte schließlich „neurotisiert", also verängstigt werden: Er hat ständig Angst vor ungewollten Fehlern, denn er spürt, dass sein verändertes Verhalten unangenehme Konsequenzen haben könnte.

So ließe sich eine sonst schlecht verständliche *Unsicherheit*, Unkonzentriertheit oder sogar *Verängstigung* bei bislang tüchtigen Menschen wie Sven B. oder der Lehrerin Beate K. erklären. Betroffen wären indirekt auch ihre Leistung, ihre Denkfähigkeit oder ihr innerer Antrieb – gerade ihr Versagen in diesen Bereichen fiel ja besonders auf. Diese Leistungsschwächen können also indirekt auch *äußere* Ursachen haben und damit die Beobachtung begründen, dass sich Fälle von Burnout ausgerechnet in den letzten Jahrzehnten auffällig häufen. Denn man kann davon ausgehen, dass sich die *genetische Ausstattung* der Menschheit nicht in so kurzer Zeit grundsätzlich verändern kann.

Auch äußere Faktoren können eine Rolle spielen; siehe dazu das nächste Kapitel.

Aus Erinnerungen und Erwägungen der Vergangenheit formt das Gehirn Einstellungen und deren Bewertungen, Meinungen und Prinzipien. Eine Quintessenz ist das *Selbstwertgefühl*. Wenn es positiv ist, wirkt es als Selbstvertrauen. Kombiniert mit aktuellen Verstandesleistungen bestimmt es als Selbstbewusstsein das Denken und Verhalten. Selbstkritik überwacht und optimiert diese Grundpfeiler unseres Selbst. Selbst*zweifel* führen zu Krisen der Verunsicherung, die ein gesunder Mensch verarbeiten und korrigieren kann. Schafft er diese Selbstkorrektur nicht, kann die Verunsicherung wiederum die Selbstzweifel verstärken und damit einen Teufelskreis in Gang setzen, eine Abwärtsspirale über Enttäuschung und Verbitterung bis zur Selbstaufgabe. Auf dem Weg dahin werden Einstellungen und ihre Bewertungen ins Negative verändert.

Mit der Selbstständigkeit verliert man auch den Lebensmut

Wenn von Leistung die Rede ist, denkt der Psychologe unter anderem an die *inneren Antriebe*, die beim Menschen dafür sorgen, dass er von sich aus überhaupt etwas tut. Die Antriebe oder Motivationen werden in Kapitel 7 näher behandelt. Hier will ich nur das *Streben nach Autonomie* (Selbstständigkeit) erwähnen. Der Burnout-Spezialist Mathias Burisch sieht in der Unterdrückung dieses angeborenen Bedürfnisses die entscheidende und in allen verschiedenen Fällen immer wieder zutage tretende Ursache des Prozesses. Die ersten Burnout-Phasen seien oftmals durch das Sich-Auflehnen gegen die Unterdrückung gekennzeichnet. Ich möchte hier anmerken, dass der Mensch in der Regel keineswegs immer Macht über seine Umwelt anstrebt. Uns reicht durchaus das Gefühl, die Komponenten, die uns wichtig sind, bestimmen zu können. Manchem können wir uns auch freiwillig unterordnen – aber wir wollen nie vereinnahmt oder vergewaltigt werden. Denn dann entstehen *Ängste*.

Reichen irgendwann die psychischen Kräfte zum Widerstand nicht mehr aus, kommt es zur Resignation. Der Unterlegene zieht sich auf sich selbst zurück, ist eingeschüchtert, hilflos, verbittert. Man sagt auch, er sei frustriert (das vermag den in Abbildung 3 auf Seite 47 aufgezeigten Verlauf zu erklären). Es gibt eine eigene Frustrationsforschung, jedoch konnte auch sie bisher keine schlüssigen Vorschläge zur Hilfe für Betroffene machen.

Immerhin: Der Drang nach Freiheit und die Wut und später die Enttäuschung, wenn das Freiheitsstreben gewaltsam eingeschränkt wird, sind auch in unseren drei Beispielfällen zu spüren. Allerdings muss man dann Autonomie sehr weit auslegen. Grundsätzlich kann sie bedeuten, dass man Einfluss sowohl auf die Umwelt wie auf die eigenen Reaktionen hat.

Ein derartiges „angeborenes Bedürfnis" wurde bisher nicht ausdrücklich herausgestellt, aber man findet ein angeborenes *Streben nach Dominanz* bei allen Menschen. Sehr ausgeprägt ist es (zum Glück nur) bei zehn Prozent, nämlich bei den typischen Führerpersönlichkeiten. Aber auch die anderen wünschen doch gelegentlich zu bestimmen oder zu beherrschen und reagieren mit Unwillen oder Auflehnung, wenn man ihnen die *Selbstständigkeit* verwehren will. Schwächere reagieren insgeheim mit Abweisung, ziehen sich zurück, „steigen innerlich aus". Das ist längst bekannt. In modernen Managementstilen wird daher das Gefühl einer gewissen Selbstständigkeit bei den Mitarbeitern gefördert, weil sie dann nachweislich mehr Leistung bringen.

Es gibt keine typische „Burnout-Persönlichkeit"

Die Forschung ist sich heute weitgehend einig, dass es keine typische Burnout-Persönlichkeit gibt, die allein schon aufgrund ihrer Veranlagung zu einem derartigen Psychoprozess tendiert, wenn die Lebensumstände entsprechend sind. Dennoch gibt es gewisse angeborene Psychokonstellationen, mit denen man z. B. besser nicht Lehrer wird (mehr dazu in Kapitel 4). Wenn man bei diesen Menschen rechtzeitig Testuntersuchungen durchführen würde, könnte man mit einiger Wahrscheinlichkeit feststellen, dass sie dem Stress des Lehrerberufs nicht gewachsen sein werden.

Aber mit dieser Erkenntnis allein lässt sich das Burnout-Problem noch nicht vermeiden – man müsste ja allen labilen oder ängstlichen oder unsicheren Menschen vom Arbeiten in stressiger Umgebung überhaupt abraten. Wo im modernen Arbeitsleben gibt es keinen Stress? In einem großen Test fielen immerhin 60 Prozent aller Lehrer (nachdem sie den Beruf ja längst gewählt hatten) in die Risikogruppe.

> Übrigens: Es dürfte klüger sein, sich an eine wissenschaftlich gut abgesicherte Regel zu halten, die besagt, dass man nicht den Beruf wählen sollte, der einen interessiert, sondern den, für den man die meisten *Fähigkeiten* hat: So ist man langfristig zufriedener und läuft weniger Gefahr, einen Burnout zu bekommen.

Wir wissen aus unseren Fallbeispielen, dass anfängliche Hyperaktivität und Verausgabung einen plausiblen Grund für späteren Burnout abgeben könnte. Untersuchungen ergaben jedoch inzwischen, dass Überaktivität nicht allgemein als Voraussetzung für Burnout gelten kann. Auch zwei unserer Beispielfälle aus Kapitel 1 fielen nicht durch übermäßigen Energieeinsatz auf. Das gilt heute auch für Überidentifizierung mit der Arbeit und für das sogenannte *Helfersyndrom*, mit dem Personen bezeichnet werden, die von der Hilfebedürftigkeit der Kranken übermäßig stark überzeugt sind, ihnen die Hilfe geradezu verbissen aufdrängen und die schließlich enttäuscht, jedenfalls innerlich unbefriedigt sind, wenn die Krankheit dann geheilt und ihre Hilfe nicht mehr nötig ist. Auch übermäßiges Perfektionsstreben, krankhafter Ehrgeiz oder Neurotizismus, also übertriebene Ängstlichkeit, wurden verdächtigt, können danach aber nicht als typische Voraussetzungen für Burnout gelten.

Enttäuschung wird von einigen Forschern auch direkt als Ursache des Burnout angesehen. Sie gehen von modernen Lebensentwürfen aus, in deren Mittelpunkt die *Selbstverwirklichung* steht.

> Selbstverwirklichung ist für viele Menschen tatsächlich wichtiger als Geld. Man kann sie dann als eine Art Selbstbefriedigung auffassen. Dadurch wird die Arbeit gewissermaßen zu einer „Selbstbefriedigungsquelle", jedenfalls unbewusst.

Kann Arbeit diese hohen Erwartungen nicht erfüllen, scheitert man in einem wesentlichen Lebensziel. Dass diese Menschen dann unzufrieden, enttäuscht oder gar verzweifelt sind, kann man verstehen.

Zu Recht werden oft auch sogenannte *Rollenkonflikte* als Ursache angeführt, nämlich Konflikte zwischen dem Wunschbild, das sich eine Person von sich selbst und ihren Chancen zusammenträumt, und der Realität. Ich werde darauf beim Optimismus und mehr noch beim Illusionismus zurückkommen (Kapitel 8). Wer sich zu viel und das

Falsche zutraut, trägt ein großes Risiko, dem nicht gerecht werden zu können. Seine Tagträume und Wunschbilder wirken ja letztlich wie Einstellungen. Es gelingt einem solchen Menschen nicht, sie an die reale Welt anzupassen, weil seine Selbstkritik nicht ausreicht. Hier sind wir wieder bei dem Zusammenhang zwischen dem Selbstbewusstsein und der *Selbstkritik*. Die Selbstkritik des Träumers ist von Anfang an zu schwach ausgeprägt. Er wird immer wieder zu den für ihn angenehmeren Fehleinschätzungen zurückkehren.

Damit hätte er also eine Eigenschaft, mit der er gefährdet wäre, Burnout zu bekommen – aber nur mit einer gewissen Wahrscheinlichkeit: Trotz der Bandbreite der Faktoren, die zu einem Burnout führen können, war es bisher nicht möglich, ein Profil einer typischen Burnout-Persönlichkeit herauszuarbeiten, obgleich man riesige Zahlen von Betroffenen in aller Welt untersucht hat. Man konnte nur Persönlichkeitsfaktoren auffinden, die mit Burnout wenigstens einigermaßen gut in Beziehung stehen. Bei ihnen besteht also gegenüber den „Normalen" eine mehr oder weniger erhöhte Wahrscheinlichkeit, Burnout zu entwickeln.

Anders herum: Wenn sich z. B. ergibt, dass Übereifer oder Ehrgeiz oder ein sogenanntes Helfersyndrom *keine* Persönlichkeitskonstellation ist, die regelmäßig den Ausbruch von Burnout zur Folge hat, bedeutet das nur, dass nicht sehr viele oder wenigstens die meisten von denen, die später Burnout bekommen, dieses Persönlichkeitsprofil anfangs aufgewiesen haben.

Es lässt aber durchaus die Möglichkeit offen, dass man mit Überaktivität oder Ehrgeiz oder Ängstlichkeit auffällige Eigenarten hat, mit denen man ein *größeres* Risiko trägt. Außerdem könnten sich mehrere fragliche Gefährdungen summieren zu einer echten Gefahr. Diese Eigenschaften der Persönlichkeit bleiben also durchaus wichtig.

Aber kehren wir zurück zur *Selbstkritik*. Alle Menschen haben die Fähigkeit dazu. Die Selbstkritik ist eine Weiche, an der der Burnout-Prozess sehr häufig beginnt, wie wir sehen werden. Diese „Weiche" ist beim einen zuverlässig geschützt, beim anderen labil. Aber sie ist nicht so typisch zu testen, dass man daran die gefährdeten von den nicht gefährdeten Persönlichkeiten frühzeitig oder gar schon im Voraus unterscheiden könnte. Ich werde später darauf zurückkommen.

Lassen Sie mich zusammenfassen: Beim Betroffenen spielen einerseits das *Selbstbewusstsein* und die Selbstkritik eine wichtige Rolle, also Bereiche des Denkens. Wichtig ist andererseits auch das Streben nach *Selbstbestimmung* bzw. nach Autonomie, das schon mehr in den Gefühlsbereich gehört. Ganz große Bedeutung hat schließlich das Selbstwertgefühl. Jedenfalls sind die Überlegungen dieses Kapitels zum innersten Kern jeder Persönlichkeit wichtig für das Verständnis des Burnout-Prozesses und für Hilfeleistungen, die in den weiteren Kapiteln thematisiert werden.

Im nächsten Kapitel erfahren Sie, welche *Faktoren von außen*, also extrinsisch, einen Einfluss auf Entstehung und Unterhaltung des Burnout-Prozesses haben.

Das Wichtigste noch einmal in Kürze:

- Zentraler Angriffspunkt des Burnout-Prozesses scheint das Selbstwertgefühl zu sein.
- Dieses basiert auf persönlichen Erfolgen und Misserfolgen, die mehr oder weniger exakt im autobiografischen Gedächtnis bewahrt und dort verrechnet werden.
- Ergebnis der Verrechnung von Erlebnissen und Gedanken sind Einstellungen, Meinungen und Prinzipien als Bestandteile des Selbstwertgefühls.
- Das Selbstwertgefühl bestimmt ganz wesentlich unser Wollen und Handeln. Es äußert sich als Selbstbewusstsein. Durch die Selbstkritik wird es überwacht.
- Die Selbstkritik orientiert sich einerseits an äußeren Bedingungen, andererseits an den Einstellungen, Überzeugungen und Prinzipien des Individuums.
- Die Einstellungen und damit auch die Prinzipien für die Selbstkritik müssen sich an Wandlungen in der Umwelt anpassen.
- Durch einen Zwang zur Umstellung von Prinzipien oder zum In-Frage-Stellen derselben kann es zu Unsicherheit und zu psychologischen Krisen kommen.
- Vorrangige Ursache von Unsicherheit und Krisen sind aber Selbstzweifel. Zweifel sind negative Schlussfolgerungen aus kritischen Überlegungen.
- Die Unterdrückung der Autonomie wird als wichtiger Faktor im Burnout-Prozess angesehen: Das angeborene Bedürfnis nach Dominanz wird zurückgedrängt und stört dann seinerseits.
- Rollenkonflikte mit der Realität z.B. bei Tagträumern können Anpassungsprobleme begründen. Hier spielt unzureichende Selbstkritik eine wichtige Rolle.

3 Äußere Ursachen spielen immer mit: moderne Stressoren

Zum Burnout gehören immer zwei, also zum einen eine dazu veranlagte Persönlichkeit, zum anderen eine Umwelt, die geeignet ist, den normalen Ablauf der Gehirnfunktionen grundlegend aus dem Tritt zu bringen. Der Umwelt muss sogar eine sehr bedeutende Rolle zukommen, wenn die Beobachtung richtig ist, dass der Burnout-Prozess erst in den letzten Jahrzehnten in erheblicher Zahl vorkommt. So plötzlich können sich die Gehirne der Menschheit und ihre genetischen Grundlagen nicht geändert haben, dass in ihnen die entscheidende Ursache für diese förmliche Epidemie an zentralen Fehlschaltungen liegen könnte.

Es gibt nicht den einen Umweltfaktor, wie wir das von einer durch einen Virus ausgelösten Grippewelle kennen. Die Soziologie hat sehr viele mögliche Ursachen untersucht und einige als wahrscheinlich ausgemacht. Wir alle wissen schon längst nur zu gut, welche Stressverursacher die Psyche des Menschen in den letzten Jahren zusätzlich belasten: die Computerisierung, die Medien, der Verkehr, die Globalisierung. Letztere können wir als Zusatzfaktor für Führungskräfte und Spezialisten gelten lassen. Die Mehrzahl der Menschen ist durch die Globalisierung nicht direkt betroffen, z. B. auch nicht unsere Lehrerin oder der Arbeitslose.

Meist überlastet: die Aufmerksamkeits-funktion des Gehirns

Dagegen sind die Informations- und Kommunikations-Technologien (IT bzw. IKT) im Alltag sehr vieler Menschen präsent und oft störend. Allerdings muss man unterteilen in solche zur Unterhaltung und andere für die soziale Kommunikation und für die berufliche Tätigkeit.

Bevor wir ins Detail gehen, möchte ich Ihnen noch eine entscheidende psychologische Tatsache vor Augen führen: Der Mensch kann sich immer nur auf eine Sache konzentrieren. Die Funktion „Aufmerksamkeit" des Gehirns, die sich der Erforschung ihrer Einzelheiten noch weitgehend entzogen hat, kann unsere geistige Präsenz immer nur entweder auf einen klugen Gedanken oder auf ein Musikstück oder auf eine Szene auf dem Bildschirm lenken. Sie kann in Sekundenbruchteilen immer von einem zum anderen hin- und herwechseln.

Nur Handlungen, die automatisch ablaufen können, können wirklich gleichzeitig vorgenommen werden. Man kann beim Fahrradfahren singen, man kann sich beim Bergsteigen unterhalten, man kann auch während monotoner Arbeit sprechen, die Lehrerin kann beim Abzählen der Schüler aufpassen, dass keiner mogelt. Aber man kann sich immer nur auf eines von beiden konzentrieren. Jedoch wirkliches „Multitasking", also mehrere Dinge bewusst gleichzeitig tun, das geht nicht. Und das scheinbare Multitasking durch ständiges Wechseln der Aufmerksamkeit von einer

Aufgabe zur anderen und zurück ist über Gebühr anstrengend und kann nervös oder müde machen.

Das kann jeder bei sich schon beim Musikhören während des Lesens oder Lernens beobachten. Wenn man sich ernsthaft eine Vokabel neu einprägen oder einen wichtigen schwierigen Text verstehen will, schaltet die Aufmerksamkeit automatisch die Reize, die das Ohr aufnimmt, ab. Sie gelangen erst ins Bewusstsein hinein, wenn etwas Besonderes zu hören ist, also das Schreien eines Kindes oder das Klingeln des Handys. Dann schaltet die Konzentration voll auf diesen Reiz um. Den letzten Satz des Textes muss man später erneut lesen. Oder: Wer eine gute Mahlzeit genießen will, sollte aus gleichem Grund nicht dabei über Politik reden, sonst schlingt er die Bissen unbewusst hinunter, also ohne konzentriert (!) zu schmecken. Wer andererseits beim Lesen Musik hört und die Melodie mitsummt, konzentriert sich auf die Musik und muss den Satz nochmals lesen, falls er wichtig war. Jeder kann das nachprüfen. Achten Sie mal darauf!

Nun kann man sich vorstellen, dass das *ständige Umschalten der Aufmerksamkeit* die beanspruchten Gehirnsysteme überfordern kann. Wer sich zwingt oder gar gezwungen wird, z. B. parallel zu einem anspruchsvollen Aktenstudium zwei Telefone zu bedienen und auf ständigen Publikumsverkehr einzugehen, dabei Entscheidungen zu treffen und rechtsverbindliche Protokollnotizen zu schreiben, bringt seinen geistigen Apparat an die Grenzen der Leistungsfähigkeit. Das Gehirn geht dadurch nicht kaputt. Mancher mag das sogar als geistiges Training ansehen. Aber wer trainiert schon ständig bis zur Erschöpfung?

Am Rande sei bemerkt: Jeder weiß, dass die Aufmerksamkeit plötzlich abschaltet, wenn man ermüdet ist. Der Sekundenschlaf ist im Straßenverkehr gefürchtet und in Vortragssälen häufig. Wer vor dem Einschlafen noch in einem Buch liest, kennt das Abschweifen der Konzentration ebenfalls. Offenbar will sich das ermüdete Gehirn vor Überlastung schützen.

Wir werden in späteren Kapiteln noch hören, dass das Gehirn ermüdende wie unerwünschte Tätigkeiten automatisch mit dem *Gefühl* einer Abneigung oder des Missmuts verbindet, dass es eventuell zeitweilig abschaltet und dadurch Fehler zulässt oder auch sein Aggressionszentrum aktiviert, das dann seinerseits unkontrollierte Reaktionen auf Unschuldige auslösen kann. Die normale Regulation gerät durcheinander, eventuell bis in die Nachtruhe hinein.

Wer also von einem anderen ständiges „Multitasking" verlangt, weil der Managementberater gesagt hat, dass man damit mehr Leistung herausholen kann, der weiß entweder nicht, was er da anstellt, oder er handelt geradezu verbrecherisch – jedenfalls langfristig.

Immer im Hintergrund:
die Wachsamkeitsfunktion

Vielleicht werden Sie einwenden, dass Sie es als angenehm empfinden, neben gewissen Tätigkeiten auch noch Musik zu hören. Das ist kein Widerspruch. Solange die *Begleitmusik* nicht zu laut ist und dadurch ablenkt, kann sie unbewusst z. B. die Funktion haben, den Straßenlärm durch ein erfreulicheres Hintergrundgeräusch zu ersetzen. Das hebt die Stimmung, gibt dem Körper vielleicht unbewusst auch noch einen aufmunternden Takt vor und ist daher zu begrüßen.

Freilich sollten dadurch nicht die *Warnsignale* für die Wachsamkeit übertönt werden. Wenn man sich nämlich bei dieser Art des Musikhörens zwingen müsste, ständig auf eventuell wichtige, kaum mehr wahrnehmbare Nebengeräusche wie das Nahen des Vorarbeiters oder auf Gefahren im Straßenverkehr zu achten, dann würde die Musik aus dem Ohrstöpsel zu einer Ursache für Nervosität.

Nachgewiesen wurde z. B., dass der *hohe Lärmpegel* im Klassenzimmer für das Lehrpersonal der Schule die psychische Hauptbelastung darstellt. Ich bin da sehr skeptisch, denn vielleicht ist der Lärm gar nicht die eigentliche schädigende Belastung? Das könnte man aus dem eben besprochenen Zusammenhang heraus fragen: Teile dieses Gesamtlärms sind ja Informationen, auf die der Lehrer genau achten muss. Welcher Schüler hat da gerade etwas gerufen? Warum? Welcher Schüler wollte etwas erklärt haben, hat ein Problem? Wer ist der Hauptstörenfried?

Hier sind wahrscheinlich die *Aufmerksamkeits-* und die Wachsamkeitsfunktion *überlastet*: Das Gefühl, der Verantwortung nicht mehr gerecht werden zu können, und die *Sorge*, nicht mehr Herr der Lage zu sein, dürften den eigentlichen Stress bedeuten. Der Lärm wäre auszuhalten, aber es ist schwierig, dabei die eigentlichen Aufgaben im Blick zu behalten. In dieser Überlastung der Gehirnfunktionen und sicher nicht im Lärm als solchem liegt die Gefahr, in einen Burnout-Prozess getrieben zu werden.

Gestört wird durch den umgebenden Lärm übrigens auch ein Wachsamkeitsmechanismus, den wir von den Tieren geerbt haben. Alle Tiere können sich beruhigt auf das Fressen konzentrieren. Sobald ein ungewöhnliches Geräusch auf eine mögliche Gefahr hinweist, springt ihre Aufmerksamkeit auf diesen Informationskanal um. Das ist sinnvoll und funktioniert bei uns Menschen im hektischen Alltag auch noch, und wir sollten für diese wichtige Anlage günstige Bedingungen schaffen.

Dauernde *Überreizung* des Nervensystems kann Nachteile haben. Man spürt, dass man irgendwie nervös wird. Jeder kann sich vorstellen, dass sich jahrelang erzeugte unterschwellige, also leichte Nervosität zu Abneigung summiert und schließlich in *Aggressivität* umschlägt. Möglicherweise leitet die Umwelt auf verschiedenen Wegen unmerklich im Gehirn eine *nachhaltige Neuinterpretation* von Gehirnzuständen oder Einstellungen ein, die wiederum weitere Folgen wie Unsicherheit oder Ängste haben können.

Zu den nachhaltigen Wirkungen auf das seelische Gleichgewicht durch verschiedene neue und alte Stressoren im *Straßenverkehr* oder in der *Arbeitswelt* gibt es unzählige Untersuchungen und Beweise. Die meisten von ihnen und besonders auch sogenannte Metastudien (in denen alle bisher verfügbaren Arbeiten zum Thema zusammengefasst werden) zeigen, dass weder die *Länge* der Arbeitszeit als solche noch die *Schwere* der körperlichen oder geistigen Tätigkeit direkt zum Burnout führen. Man hat z. B. in den Jahrzehnten nach dem Zweiten Weltkrieg lange nicht so viel Freizeit und Urlaub gehabt wie heute, und doch sind Fälle von psychischem Versagen (wie wir den heutigen Burnout definieren) nicht entsprechend häufig aufgefallen.

Die veränderte Qualität der psychischen Belastung

Es können neue spezielle Formen von *Stress* hinzugekommen sein, die heute Burnout verursachen. Darunter können Belastungen sein, für die unsere *genetische Ausstattung* wenig geeignet ist. Untersuchungen haben z. B. gezeigt, dass die Länge oder Eintönigkeit der Arbeit *nicht* so schädlich ist wie der *ständige Wechsel* oder die Notwendigkeit höchster Aufmerksamkeit. (Diese Untersuchungen stammen allerdings aus einer Zeit, in der man noch durch Zigarettenpausen eine gewisse Rhythmik in die Eintönigkeit bringen konnte.)

Der Mensch scheint instinktiv, also ohne gezieltes Nachdenken, gewissermaßen automatisch zu versuchen, einem unbekömmlichen Stress aus dem Wege zu gehen. Ich möchte das an einer auffälligen Entwicklung der letzten Jahre aufzeigen. Immer mehr Menschen meiden heute die *Verantwortung* – wenn nicht im Beruf, dann doch möglichst in der Freizeit. Früher fanden sich viele Freiwillige für das Ehrenamt in Vereinen, weil die damit verbundene Ehre einen psychischen und einen sozialen Gewinn brachte: Man konnte sich „innerlich" daran aufrichten, das Selbstwertgefühl stieg. Die Psychologie spricht von den Ehrenposten als „Ersatzpyramiden". Der Ehrgeizige konnte sie in der Freizeit erklimmen, wenn ihm im Beruf solche Chancen zur *Steigerung des Selbstwertgefühls* verwehrt wurden: Im Beruf blieb er Finanzangestellter, im Verein war er der wichtige Schatzmeister. Inzwischen steht das Ehrenamt im Ruf, gerade so wie der Beruf überwiegend eine Bürde zu sein.

Verantwortung erfordert nämlich *Entscheidungen*. Das Entscheiden ist nicht nur ein komplizierter Hirnprozess, dessen Erklärung hier zu weit führen würde. Entscheiden hat den grundsätzlichen Nachteil, dass es sich auf die Zukunft bezieht. Die Zukunft kennt keiner, aber es gibt hinterher immer „Fachleute", die behaupten, es vorher besser gewusst zu haben, und entsprechenden Ärger machen. Wer entscheiden kann und darf, ist anfangs stolz und froh. Später verfolgen ihn die Konsequenzen und rauben ihm den Schlaf.

Auch im Beruf kann die Notwendigkeit von häufigen Entscheidungen zur Belastung werden. Erinnern Sie sich, dass mithilfe von Kritik und Selbstkritik die eigenen Entscheidungen hinterfragt werden und nach einem Misserfolg die Verantwortung ver- oder weggewünscht wird. Eine Anekdote mag das illustrieren: Präsident Barack Obama, der höchste Verantwortungsträger der USA, soll sich Zeitungsmeldungen zufolge schon in der ersten Hälfte seiner Amtszeit im Scherz seine Anschlusstätigkeit ausgemalt haben: einen kleinen Laden am Strand von Hawaii eröffnen, in dem es nur T-Shirts gibt, und zwar nur weiße und nur in der Größe Medium – damit er nie mehr entscheiden muss.

Individualismus und Pluralismus: nicht nur Vorteile

Vermutlich liegt die Problematik der Burnout-Betroffenen allerdings tiefer im Grundsätzlichen. Wenn wir unsere Entwicklungsgeschichte betrachten, stoßen wir auf veränderte gesellschaftliche Bedingungen, die verstärkt seit etwa 50 Jahren herrschen, also etwa seit der Zeit, als Burnout sich auffällig häufte: Natürlich bringt die Technik täglichen Stress, natürlich erzeugt sie eine Fülle komplizierter zusätzlicher Aufgaben und Hektik. Aber zudem verursacht der *Individualismus* unerwartete Belastungen: Er verschafft uns zwar viele Freiheiten, bringt aber auch die Unsicherheit vieler (beruflicher) Perspektiven mit sich, und mit ihm kommt die *Notwendigkeit*, immer häufiger persönlich entscheiden zu müssen. Man denke nur an alleinerziehende und auch noch berufstätige Mütter.

Die völlige Selbstständigkeit – häufig auch noch im Konkurrenzkampf – kann letztlich zu großen *Ängsten* führen. Zum Entscheiden braucht man Kraft. Tatkraft aber schwindet bei Burnout-Betroffenen. Die Motivationen werden schwächer, wie in Kapitel 7 noch eingehend besprochen wird. Die verständliche Darstellung der gesellschaftlichen Umwälzungen unseres Jahrhunderts würde hier zu weit führen. Sie sind sehr anschaulich in dem Essay von Z. Bauman dargestellt, den ich unter den Lesetipps im Anhang vorstelle.

> Individualismus bedeutet oft auch Einsamkeit, der nicht jeder gewachsen ist. Gemeint ist die innere Einsamkeit in der Anonymität trotz der vielen Menschen, die gleichgültig neben uns existieren. Orientierungsprobleme im unübersichtlichen *Pluralismus*, in einer Welt ohne die richtunggebenden Ratschläge oder Vorgaben von Großfamilie und Traditionen mögen hinzukommen.

Individualismus und Pluralismus gibt es schon länger. Aber gegenwärtig erreichen sie Ausmaße, die für immer mehr Menschen nicht mehr nur eine chancenreiche Errungenschaft, zum Beispiel die Selbstverwirklichung bedeuten, sondern zeitweilig auch zu einer übergroßen Herausforderung werden: Zu groß, weil sie weder mit dem Gefühl, noch mit dem Verstand und ständiger Aufmerksamkeit gemeistert werden können. Das überforderte Gefühl erzeugt Ängste. Der ermüdete oder gar erschöpfte Verstand aber ist es, der – wie schon ausgeführt – über die Selbstkritik auch Selbstzweifel zulässt oder erfindet.

Wer dem nicht gewachsen ist, reagiert möglicherweise mit *Aggressionen* und zerstört die letzten Bande, zieht sich in Verbitterung zurück und verzweifelt am Ende. Auch so könnte der Hintergrund eines Abgleitens in Zweifel, Verunsicherung und schließlich Burnout aussehen, vor dem dann einige negative Erfahrungen genügen, um den „Schwelbrand" auszulösen und zu unterhalten.

Auch viele kleine Ablenkungen bedeuten Stress

Seit dem Siegeszug des Computers ist noch eine Belastung der Gehirne vieler Berufstätiger hinzugekommen, die die meisten von uns schon gar nicht mehr als Sonderlast empfinden. Dabei ist es noch gar nicht so lange her, dass viele Aufgaben von der Sekretärin auf den Chef übergegangen sind. Auch wenn Sie nie eine Sekretärin hatten: Es beginnt damit, dass man sein Adress- und Telefonverzeichnis selbst führt, und endet noch nicht damit, dass man den früheren Schriftverkehr selbst auf den Bildschirm holt, dass man kurze und auch längere Mitteilungen selbst schreibt, Unterlagen, Eintragungen in Tabellen usw. selbst auf der

Festplatte hat und heraussucht, sie selbst organisiert, Briefe und Dokumente einordnet usw. Dies ist nur ein Beispiel für die vielen kleinen Aufgaben, die den modernen Menschen bzw. seine Aufmerksamkeit immer häufiger in Anspruch nehmen.

Das sind alles kleine Verrichtungen, die man „doch eben mal selbst machen kann", wenn man schon den Bildschirm auf dem Schreibtisch oder das Smartphone in der Tasche hat. Aber die vielen kleinen Entscheidungen beanspruchen die Aufmerksamkeit und andere Hirnfunktionen zusätzlich und oft insgesamt den ganzen Tag über, unmerklich und selbstverständlich.

Viele Menschen können oder dürfen heute nicht mehr abschalten, wenn sie den Arbeitsplatz verlassen. Sie haben Verantwortung rund um die Uhr. Und es sind *ebenfalls geistige Tätigkeiten*, wenn man zu Hause „nur" ans Telefon geht, eine E-Mail oder SMS schreibt. „Nebenbei" verteilt man daraufhin noch schnell Aufträge an seine Mitarbeiter. Dann ist man gespannt, wer wohl in der nächsten Stunde reagiert – und wer mal wieder nicht. Vielleicht ist man sogar stolz, dass man alles selbst auch noch zu Hause oder im Hotel oder in der Bahn erledigen kann – aber es ist jeweils auch ein kleines Stück Ruhe und Besinnung, das damit verloren geht.

Vieles von dem, was uns dank der modernen Kommunikationstechnologie in der sogenannten Freizeit erreicht, ist nicht erfreulich, sondern erzeugt unterschwelligen oder sogar offensichtlichen Ärger oder Ängste. Dies passt bereits an den Anfang einer Burnout-Karriere.

Aber es geht noch weiter: Ein Handy oder Smartphone funktioniert ja nicht von sich aus. Es hat eine Organisationsstruktur, die man kennen und ständig im Geiste parat haben muss. Wenn ich das Gerät benutzen will oder wenn ein anderer gerade will, dass ich es benutze, damit wir kommunizieren können, müssen meine Gehirnfunktionen blitzschnell von meiner aktuellen geistigen Tätigkeit weggelenkt werden. Meine Aufmerksamkeit muss sich auf die *Bedienung des Geräts* konzentrieren und den richtigen Bereich des Entscheidungsbaums in den Vorstellungsraum meines Gehirns holen, damit ich die richtigen Knöpfe in der richtigen Reihenfolge drücke.

Sie können sich ausmalen, was noch alles an Gedankenarbeit notwendig ist, wenn der Finger dann eine falsche Taste erwischt und ein zusätzliches Problem verursacht. Vielleicht kommt Zeitdruck noch dazu. Diese geistige Spezialbelastung, so selbstverständlich sie Ihnen heute erscheinen mag, hatte von 20 Jahren noch kein Mensch. Umgekehrt jedoch haben die Menschen fast alle jene Belastungen, unter denen man schon damals stöhnte, heute auch noch.

> Das ist kein Grund zum Jammern. Es sollte Anlass sein, sich
> über neue, besser geeignete Techniken *und* Lebensentwürfe
> Gedanken zu machen.

In der Summe trägt dieser „Fortschritt" gewaltig bei zur
Hektik unsere Zeit. Irgendwann beginnen die Akteure zu
spüren, dass auch da Stress ist, wo Freunde nur schnell ein
„Hallo" senden. Man hat immer mehr solcher Freunde.

Mobbing und das unterdrückte Freiheitsstreben

Unter den Umweltfaktoren, die Bedeutung erlangen könnten für Burnout-Gefährdete, sind die soeben geschilderten
Belastungen durch heutige Kommunikationstechniken nur
eine vergleichsweise junge Bedrohung, denn Burnout ist
doppelt so lange ein Problem, wie es Computer und Handys gibt. Natürlich sind auch die Mitmenschen als entschei-
dender Faktor zu berücksichtigen. Speziell im Berufsleben
dürfte sich ihr Verhalten in den letzten Jahrzehnten durchaus geändert haben.

In diesem Zusammenhang denken wir sicher sofort an zur
Leistung antreibende Vorgesetzte, vielleicht fällt uns auch
ein Mobbing-Fall ein. Unbeliebte Kollegen, die durchaus störende Fehler haben können (von der sprichwörtlich schie-

fen Nase über nicht vorhandene Sozialkompetenz bis zum mangelnden Deo-Gebrauch) werden mehr oder weniger unterschwellig behindert oder angegriffen.

Mobbing kann eine infame und sehr verletzende Form der Aggression sein. In der Regel unterscheidet sich ein Gemobbter von einem Burnout-Betroffenen dadurch, dass er sich zur Wehr setzt, soweit das in seiner Macht steht, und jedenfalls psychologisch eine Abwehrhaltung aufbaut gegen Gegner, die er zu kennen meint. *Verzweiflung* kommt erst auf, wenn der Gemobbte seine *Machtlosigkeit* einsehen muss und keinen Ausweg mehr sieht. Dann mündet seine psychische Notlage in die des Burnout.

Im vorausgegangenen Kapitel wurde schon das *Streben nach Autonomie* angesprochen, das jedem Menschen eigen ist als ein sogenanntes angeborenes Bedürfnis. Manchmal ist es ausgeprägt, manchmal rudimentär. Aber Bevormundung, Überheblichkeit, rücksichtslose Unterdrückung, Ausnutzung sind Verhaltensweisen eines *Vorgesetzten*, die wohl kaum jemand auf die Dauer verträgt. Wenn dieser Jemand dann in seiner Position nicht aufbegehren kann, sich weiter ducken und alles schlucken muss, kann er schließlich einen psychischen Schaden davontragen: Die stärkere psychische Energie von außen kann die Widerstandskräfte des Betroffenen verbiegen und zum Opfer machen.

Im Gehirn werden dann biologische Mechanismen wirksam wie z. B. Hormone. Für das Stresshormon *Kortison* sind schädliche Wirkungen jedenfalls im Gehirn von Tieren beobachtet worden. Über Serotonin werden wir noch sprechen (Kapitel 7). Bei Affen hat man andererseits gezeigt, dass bei einem Männchen, das bislang unumstritten die Horde geführt hatte und dann von einem stärkeren jungen Tier überwältigt wird, schlagartig der vorher sehr hohe *Testosteronspiegel* im Blut abfällt. Das überwundene, in seiner Herrschaftsposition herabgesetzte Tier wirkt fortan psychisch geknickt, weicht den anderen aus und überlebt meist nicht mehr lange. Im Verlauf des Burnout-Prozesses des Menschen wurde der Testosteronspiegel meines Wissens noch nicht geprüft. Nach sportlichen Wettkämpfen ist er aber bei den Siegern ebenfalls erhöht und bei den Verlierern niedrig.

Innere Emigration mit Verstand oder mit Gefühl

Führungspersönlichkeiten verletzen das Empfinden ihrer Angestellten häufig, ohne es zu wollen. Leicht wird dadurch ein sich selbst verstärkender Prozess ausgelöst: Der Untergebene ist gekränkt oder ärgerlich, leistet weniger sorgfältige Arbeit oder zeigt auch nur sein Missfallen. Der Vorgesetzte meint daraufhin seinen Druck noch erhöhen zu müssen, verärgert den Untergebenen entsprechend zusätzlich und beeinträchtigt damit dessen Leistungswillen und die tatsächliche Leistung noch mehr. Diese positive Rückkopplung kann zum Phänomen der *inneren Emigration* führen, das heute in großen Betrieben überaus verbreitet ist. Ursache sind fast immer Führungsfehler.

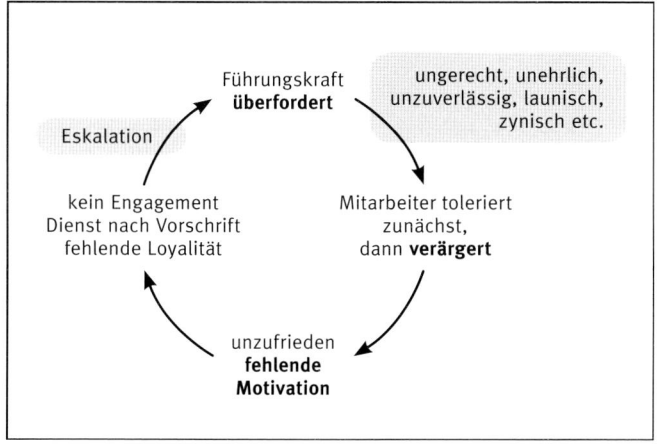

Abb. 5: *Mangelhafte Führungskompetenz: Sie macht sich vor allem in Verstößen gegen die Umgangsformen, die Moral oder gegen die Erwartungen der Mitarbeiter an diese Vorbildfunktion bemerkbar. Sie führt zur emotionalen Reaktion der Mitarbeiter. Mangelt es der Führungskraft an Sensibilität gegenüber dieser Reaktion und steuert sie nicht sofort dagegen, kommt es zur Eskalation. Die Führungskraft meint nun, den Mitarbeiter wegen mangelnder Leistung reglementieren zu müssen. Die Möglichkeiten des Mitarbeiters, auf die Führungsfehler zu reagieren, sind vielfältig, und natürlich hat er auch eine Verantwortung für die Aufrechterhaltung eines guten Arbeits- und Leistungsklimas. Aber häufig reichen seine emotionalen Nehmerqualitäten (seine soziale Kompetenz) nicht aus, um Führungsfehler ausreichend zu kompensieren.*

Aus soziologischer Sicht fühlt sich der Shareholder als Eigentümer eines großen Unternehmens heute seinen Arbeitnehmern gegenüber nicht mehr so zur Loyalität (Treue und Solidarität) verpflichtet wie etwa ein Handwerksmeister in seinem kleinen Betrieb. Er kennt sie nicht. Er droht z. B. ohne Skrupel, eine Abteilung ins Ausland zu verlegen, wenn andere dort billiger arbeiten. Die Arbeitnehmer kündigen ihm dann ihrerseits (auf dieser sogenannten psychologischen Ebene des Arbeitsvertrags) ebenfalls ihre Loyalität auf.

Etwa 80 Prozent der derart reagierenden Mitarbeiter verweigern sehr bewusst ihr Engagement, machen also eine Art „Dienst nach Vorschrift", meist sehr korrekt und damit formal nicht zu beanstanden. Sie reagieren mit dem *Verstand*. Psychische Probleme bekommen die restlichen 20 Prozent der inneren Emigranten, weil sie sich ärgern und sich in Überdruss, Wut, kurz in eine *emotional* betonte Abwehrhaltung hineinmanövrieren, ihre Abneigung auch demonstrativ zeigen und dann wiederum Druck bekommen. Sie können schließlich durchaus in einem Burnout-Prozess enden.

Beim Burnout wurde auch der *Autonomieverlust* als Mitursache diskutiert, also das Gefühl, ausgenutzt zu werden und sich nicht wehren zu können. Ich meine, dass man sich besser schützen kann, wenn man die klügere vernunftbetonte Taktik der stillen Verweigerung verfolgt.

Die Liste der *äußeren* Faktoren, die in irgendeiner Weise psychologischen Druck auf die Menschen ausüben und dadurch entsprechend disponierte Individuen in *Stress-Situationen* bringen können, ist sehr lang. Letztlich lösen die vielerlei „extrinsischen", also von außen kommenden Einwirkungen immer eine *typische*, weitgehend *einheitliche Stressreaktion* im Gehirn des Betroffenen aus. Wenn man diese Reaktionen abstellen will, muss man die Auslöser kennen (siehe dazu Kapitel 6).

Im nächsten Kapitel werde ich der Frage nachgehen, ob Burnout ein Prozess oder ein Syndrom oder eine Krankheit ist, und werde zeigen, wann und wie man ihn am besten erkennt.

Das Wichtigste noch einmal in Kürze:

- Die Aufmerksamkeitsfunktion kann zwar sehr schnell das Objekt wechseln, aber sie richtet sich grundsätzlich jeweils nur auf ein Thema und konzentriert sich darauf.
- Multitasking macht nervös und ist langfristig nachteilig, weil es einen ständigen Fokuswechsel der Aufmerksamkeit erfordert.
- Die Wachsamkeitsfunktion wird vermehrt angestrengt, wenn zu laute Hintergrundgeräusche stören oder ablenken.
- Individuelle Freiheit und die Vielseitigkeit der Umweltbedingungen sind Errungenschaften, die die psychische Konstitution gelegentlich überfordern.

▶

- Verantwortung war ehemals eine erstrebte Ehre. Die notwendigen Entscheidungen und deren Konsequenzen lassen heute verantwortungsvolle Ämter als Bürde erscheinen.

- Die Unterdrückung des Strebens nach Autonomie ist ein wichtiger Faktor bei der Entwicklung des Burnout, weil der Mensch ein angeborenes Bedürfnis nach Mitbestimmung und Dominanz hat.

- Die ständige Verfügbarkeit der Informations- und Kommunikationstechnik erfordert bei vielen rund um die Uhr erhöhte geistige Bereitschaft und Anstrengung und erzeugt Hektik.

- Die erfolglose Gegenwehr bei Mobbing kann bei Betroffenen außer Verzweiflung auch Zweifel am Selbstwert und eventuell Burnout erzeugen.

- Wer beim Rückzug in die innere Emigration emotional reagiert, riskiert außer verstärkter Repression auch psychische Schäden.

4 Prozess oder Krankheit?

Wir hatten in Kapitel 1 festgestellt, dass Burnout zwar ein psychisches Koordinationsproblem ist, dass früher oder später aber der Körper mitreagiert und der Kranke auch Symptome wie Kopfschmerzen oder Erbrechen oder Muskelschmerzen klagt. Das ist nicht verwunderlich, wenn man sich klarmacht, dass im ganzen *Körper* etwa ebenso viele Nervenzellen verteilt sind, wie sich im Gehirn finden (100 Milliarden!), und dass sie – direkt oder indirekt – alle eine Verbindung mit dem Gehirn haben.

Die Arbeit solcher Nervenzellen in der Haut spüren Sie direkt: Sie melden Berührung, Wärme oder Kälte oder Schmerz. Ähnliche Nervenzellen regeln unbewusst die Feineinstellung der Muskeln, die Funktion des Magen-Darm-Traktes oder des Kreislaufs. Das Gehirn greift hier ganz regelmäßig ein, z. B. durch die Gefühle (siehe Kapitel 5). Diese körperlichen Organsysteme können auch bei schweren Koordinationsstörungen im Gehirn ihrerseits unnormal gesteuert werden, also mitreagieren.

Bei allen Erkrankungen ist immer auch das Gehirn beteiligt

Der Arzt kennt bei Erkrankungen verschiedene Formen der *Wechselwirkung* zwischen dem Gehirn und den Organen des Körpers.

Bei allen „normalen" Körperkrankheiten wie Verletzungen, Herzschwäche oder Arterienverkalkung kann das *Empfinden der Symptome* verändert sein. Man kann z. B. Schmerz unverhältnismäßig stark und lange anhaltend *empfinden*, obgleich die Ursache schon beseitigt ist (zentraler Schmerz), oder man kann nach einer Spritze Besserung *empfinden*, obgleich kein gegen Schmerz wirksames Medikament gegeben wurde. Man nennt das dann einen *Placebo*-Effekt.

Viele Erkrankungen werden *psychisch ausgelöst* (aber nicht verursacht). Wie Sie am Ende von Kapitel 1 erfahren haben, muss man davon ausgehen, dass die Anlage zur Erkrankung in diesen Fällen schon vorhanden war. Man kann z. B. gewisse Bakterien (Heliobacter pylori) im Magen beherbergen, ohne es zu spüren. Die Abwehrkräfte des Körpers verhindern den Ausbruch einer Erkrankung, schützen z. B. vor einem Magengeschwür. Erst die *zusätzliche* psychische Belastung schwächt die Abwehrmechanismen etwa durch Ausschüttung von Kortison derart, dass das Gleichgewicht zwischen Bakterium und Wirt zuungunsten des Letzteren gestört wird.

Hier spielen Ängste wohl eine bedeutende Rolle. Ängste findet man beim Burnout sehr oft, wie ich mehrfach erwähnt habe. Man spricht dann von einer *psychophysischen Erkrankung* (also psychisch ausgelöste, aber körperliche Erkrankung), auch psychosomatische Erkrankung genannt. Auch andere psychische Funktionsstörungen beim Burnout lösen sehr häufig derartige Erkrankungen aus.

Dann gibt es noch *somatoforme* Erkrankungen (ausgeformt wie eine körperliche Erkrankung). Bei diesen kann die Schulmedizin keine krankhaften Veränderungen im Körper feststellen. Die Betroffenen klagen aber über erhebliche, oft bis zur Arbeitsunfähigkeit führende Beschwerden wie Kopfschmerzen, Übelkeit, Kreislaufschwäche, Muskelschmerzen usw. Die Schuld wird Umweltgiften, Erdstrahlen oder Funkmasten zugeschrieben. Diese vermuteten Gifte oder Strahlen sind mit heutigen Methoden nicht nachzuweisen. Meist handelt es sich um psychisch, also im Gehirn (durch Ängste) verursachte Beschwerden. Gelegentlich sind sogar übereifrige Ärzte die Motivgeber. Auch im Gehirn kann man diese Form einer Krankheit bisher weder beweisen noch behandeln. In diese Kategorie dürften auch manche Beschwerden gehören, über die beim Burnout geklagt wird und die man dann mangels genauer Nachweismöglichkeiten als funktionell oder psychogen (von der Psyche ausgelöst) bezeichnet. Die Situation ist für Arzt und Patient unbefriedigend, denn die Beschwerden bleiben offensichtlich.

Unabhängig von diesen Krankheitskategorien gibt es natürlich noch die *üblichen Geistes- und Gemütskrankheiten* der Psychiatrie, auf die ich gleich gesondert zu sprechen kommen werde. Für sie gibt es ein Verzeichnis der Amerikanischen Psychiatrischen Vereinigung, das DSM. In dieses wurde Burnout noch nicht aufgenommen. Man konnte sich bisher weder auf eine Definition noch auf eine Beschreibung des Krankheitsverlaufs einigen, da aufgrund der Fülle der

Beschwerden und der Länge und Vielfalt des Verlaufs erhebliche wissenschaftliche Nachweisprobleme bestehen.

Psychosomatische *Beschwerden* können durch das Gehirn in fast jedem Organ ausgelöst werden. Oft gehen damit, wie schon angedeutet, ganz konkrete Erkrankungen in dem betroffenen Organ einher, die dann definitionsgemäß ebenfalls psychisch ausgelöst sind. Nicht selten sind aber keine sogenannten organischen Erkrankungen nachweisbar. Dann spricht der Arzt von *funktionellen Beschwerden* und vermutet, dass das Zusammenspiel von Gehirn und peripherem (den Körper durchziehendem) Nervensystem immerhin soweit gestört ist, dass der Betroffene die Beschwerden empfindet, obgleich die Untersuchungen unter diesen Bedingungen keine krankhaften Testergebnisse erbringen können. Der Leidensdruck kann dennoch hoch sein. Spezialisierte ärztliche Behandlung ist angezeigt.

Tab. 2: Psychosomatische *Beschwerden*, die durch das Gehirn ausgelöst werden: häufig betroffene Organsysteme

- *Gehirn:* Kopfschmerzen/Migräne, Schlafstörungen, Alpträume
- *Herz:* Herzschmerzen, Engegefühl, Herzklopfen, Herzstolpern, Herzjagen
- *Kreislauf:* Druck im Kopf, hoher Blutdruck, Schwindel
- *Lunge:* Atembeschwerden, Husten, Erkältung, Fieber
- *Magen, Darm:* Übelkeit, Erbrechen, Durchfall, Magenschmerzen, Bauchweh
- *Bewegungsapparat:* Rücken-, Gelenk-, Muskelschmerz

Beschwerden, die man im Körper fühlt, können auch ohne Krankheit vom Gehirn erzeugt sein. Zur Vorsicht muss man aber immer eine organische Erkrankung ausschließen, also einen Arzt hinzuziehen.

Prozess oder Krankheit?
Im Zweifel den Arzt fragen!

In welche dieser Krankheitskategorien könnte nun Burnout gehören? Das ist fast eine Weltanschauungsfrage. Wenn man zunächst die psychophysischen Zusatzbeschwerden wie Kopf- oder Bauchschmerzen außer Acht lässt, gehören jedenfalls die Endstadien, die in Kapitel 1 geschildert wurden, eigentlich in die zuletzt genannte Kategorie der „typischen" Gemüts- und Geisteskrankheiten. Für diese Krankheiten sind die Psychiater zuständig.

Die meisten von ihnen wehren sich aber grundsätzlich gegen den Begriff „Krankheit" bei ungewöhnlichen Gemütsverfassungen. In der Tat sind die Grenzen zwischen dem, was im geistig-seelischen Bereich noch „normal" ist, was man also bei vielen Gesunden gelegentlich registriert, gegenüber einem Verhalten und Vorstellungen, die man als krankhaft bezeichnen könnte, sehr schwer zu ziehen.

Ähnlich schwierig verhält es sich mit der Einordnung des Burnout als Krankheit: Wir alle haben schon einmal einen oder mehrere der in Kapitel 1 geschilderten Zustände, die auch bei Burnout-Betroffenen anfangs auffallen, erlebt.

Auch zu den in den Tabellen 3 und 4 beschriebenen Symptomen fällt uns bestimmt jemand ein, der das eine oder andere aufweist. Beim Burnout jedoch sind die Symptome stärker ausgeprägt. Nur die stufenartige Veränderung von *mehreren* dieser Symptome *gleichzeitig* kann also den Verdacht auf ein krankhaftes Geschehen aufkommen lassen.

Vielleicht ist Ihnen aufgefallen, dass in meinem Text mehr von Burnout-*Prozess* oder -*Phänomen* die Rede war als von Burnout-*Krankheit*. In keinem Fall möchte ich die Menschen, denen dergleichen zustößt, als „geisteskrank" stigmatisieren, schon gar nicht zu Beginn, wo die Fehlanpassung nur zu vermuten ist. Auch die Wissenschaft spricht beim Burnout meistens noch von einem Prozess. Durch die Aufnahme von Burnout in die Liste aller Krankheiten könnte man den Betroffenen andererseits Gerechtigkeit widerfahren lassen dahingehend, dass man ihren Zustand nicht einfach als Bagatelle abtut, die auf eine Stufe mit einer leichten Gelenkzerrung oder einer eingebildeten Erkrankung gestellt werden kann.

Als Kompromiss werde ich in diesem Buch in denjenigen (schweren) Stadien des Burnout von „Krankheit" und von „Patienten" sprechen, in denen ein Arzt zugezogen werden sollte. Das entspricht dann dem unteren Teil der Abbildung 3 (Seite 47).

Nachdem ich somit den Burnout-Prozess so gut es geht eingeordnet habe, soll überlegt werden, woran man Betroffene *möglichst früh erkennt*, und was grundsätzlich getan werden muss (in weiteren Kapiteln werde ich spezielle Maßnahmen besprechen).

Heute gilt Burnout nicht als Krankheit, sondern wird zu den *„Einflussfaktoren*, die den Gesundheitszustand beeinflussen und zur Inanspruchnahme des Gesundheitssystems führen", gezählt. Die Krankenkassen zahlen aber Leistungen, die mit der Diagnose Burnout begründet werden.

Früherkennung: Eine starke Veränderung der Persönlichkeit ist verdächtig

Ein wichtiges gemeinsames Phänomen am Beginn vieler Verläufe von Burnout ist eine Art Knick oder Stufe im *gewohnten Routine-Verhalten*. Die Außenstehenden wundern sich über eine Veränderung des Charakters nach einer mehr oder weniger langen stabilen Lebensperiode.

Beim Betroffenen selbst sind unterschwellige *Zweifel* neu und ungewohnt. Sie können die Erreichbarkeit des Ziels einer selbst gewählten Lebensaufgabe betreffen oder den Erfolg der eigenen Bemühungen, vielleicht auch die eigenen Fähigkeiten oder überhaupt den Sinn von Streben und Schaffen. Der Betroffene versteht sich selbst nicht so recht, er fühlt sich nicht mehr als Herr der Lage. Da jedem Menschen derartige Gedanken irgendwann vorübergehend kommen können, werden sie auch am Beginn eines Burnout-Prozesses nur auffallen, wenn man gezielt darauf achtet.

Wenn Sie bei sich oder anderen gleich mehrere *stufenför-mige* Veränderungen im Verhalten oder ungewohnte *Selbst-zweifel* bemerken, erlauben diese Zeichen eine Unterschei-dung gegenüber einer einfachen Erschöpfung oder sonstigen Reaktion nach einer lange anhaltenden Belastung.

Tab. 3: Frühsymptome des Burnout

Mehrere dieser Symptome sollten neu aufgetreten sein und nicht der von früher gewohnten Persönlichkeit entsprechen:

- Unsicherheit, Empfindlichkeit, Verwirrung
- Launenhaftigkeit, Nörgelei, Misstrauen
- Überzeugung der Unentbehrlichkeit
- alles selber machen wollen, zu nervös zum Delegieren
- ungerechte Schuldzuweisungen
- keine Ruhe für die Belange nachgeordneter Mitarbeiter, deren Ausbildung usw.
- hektisch, hat nie Zeit, schon gar nicht für Erholung
- Beschränkung sozialer Kontakte
- Verleugnung eigner Bedürfnisse
- Gefühl, ausgebeutet zu werden
- Kleinreden eigener Misserfolge
- zunehmende Ablehnung und Kritik seitens der Kollegen
- Verlust des früheren Idealismus
- Selbstbetäubung durch Alkohol, Rauchen, Internet
- Ängste, Negativismus, Pessimismus

Die negative, pessimistische Stimmung muss auffallen, sobald sie länger anhält und der gewohnten, selbstbewussten Grundhaltung einer Persönlichkeit nicht entspricht. Mit heimlichen *Zweifeln* kann man nicht mehr fröhlich sein. Wer Tabelle 3 Zeile für Zeile durchgeht, kann sich bei jedem Symptom vorstellen, dass hier eine früher erfolgsgewohnte Persönlichkeit ihre *Souveränität verloren* hat und irgendwie unsicher geworden ist. Natürlich ist ein einzelnes dieser Symptome noch kein hinreichender Hinweis. Es sollten schon einige aus der Liste klar zutreffen, und sie müssen neu aufgetreten sein.

Normalerweise stellt der Betroffene selbst nicht als Erster die Diagnose: In der Regel besteht am Anfang *keine Krankheitseinsicht*. Jede Hilfe wird abgelehnt. Den meist erfolgsgewöhnten Persönlichkeiten fällt es verständlicherweise schwer, ihr beginnendes Versagen zuzugeben. Vielleicht vergeben sie aus Stolz und aus Rücksicht auf ihr Image sogar bewusst Chancen auf Hilfe. Dann könnte es für die Einsicht sogar vorteilhaft sein, dass oft (wie schon in Kapitel 1 angedeutet) körperliche Symptome im Sinne einer Psychosomatik hinzukommen (siehe Tabelle 2, Seite 98).

Körperliche Symptome begründen das Aufsuchen eines Arztes ohne Gesichtsverlust. Er muss das Vorliegen einer ernsten Krankheit jedenfalls ausschließen. Und er sollte dann, falls er eine solche nicht findet, nach psychischen Ursachen suchen.

Leistungsminderung zwingt zum Innehalten

Im weiteren Verlauf steht oft Frustration im Vordergrund. Der oder die Betroffene hat Probleme mit dem offensichtlichen oder gefühlten Verlust seiner Durchsetzungsfähigkeit oder mit Machtlosigkeit. Das äußert sich in Gereiztheit, Ärger, Wutausbrüchen. Kommen Symptome beginnender Funktionsstörungen hinzu (siehe Tabelle 4), kommt man wohl um den Verdacht auf das Vorliegen eines Burnout nicht herum. Wieder sollten mehrere Symptome zu erkennen sein, und wieder sollten sie eine deutliche Änderung gegenüber der früheren Persönlichkeit aufzeigen.

Wenn unerwartet Leistungsminderungen auftreten, müssen Sie energisch auf ein Gespräch drängen, wenn Sie einem Freund oder guten Bekannten helfen wollen.

Aber was soll man raten? Gründliche Erholung in einem langen Urlaub liegt nahe, auch denkt man an Rückkehr zu alten Hobbys und Freunden. Ein Klinik- oder ein längerer ärztlich begleiteter Sanatoriumsaufenthalt sind wirksamer, um genügend seelische Kraft zurückzugewinnen. Sie müssen aber durch den Arzt verordnet werden. Ich werde in Kapitel 6 dazu einen wichtigen Vorschlag machen. Jedenfalls ist auch jedem Laien deutlich, dass man dem Erschöpften keinen Managementberater schicken sollte, der ihn zu (noch) mehr Aktivität antreiben möchte.

Tab. 4: Dringliche Verdachtszeichen auf Vorliegen eines Burnout

Eindeutige Veränderungen gegenüber dem gewohnten früheren Verhalten in mehreren der angegebenen Punkte rechtfertigen den Verdacht auf Burnout:

- Frustration, beginnende Funktionsstörungen, verringerte Leistung
- ständige Müdigkeit, Erschöpfung, sich unausgeschlafen fühlen
- fehlende Energie, sich niedergeschlagen fühlen
- Scheu vor Entscheidungen, Desorganisation
- Lustlosigkeit, keine Freude am Beruf, Überdruss
- wenig Verständnis für die Sorgen anderer, kein Mitgefühl
- Interesselosigkeit, Unfähigkeit, anderen zuzuhören
- Selbstmitleid, Klagen über mangelnde Anerkennung
- unbestimmte Angst, Schuldgefühle
- generelle Abneigung gegen Mitarbeiter, Klienten, Schüler usw.
- Launenhaftigkeit, Intoleranz, Reizbarkeit
- Aufgeben von vormals wichtigen Lebenszielen
- Dienst nach Vorschrift
- Aufmerksamkeitsstörungen, Phasen geistiger Abwesenheit
- Vernachlässigung der Aufgaben bzw. der Arbeit

Was ist eigentlich „seelische Kraft"?

Im Zusammenhang mit der Hoffnung auf die Wirkung eines Sanatoriumsaufenthaltes möchte ich schon mal auf den Begriff der *seelischen Kraft* eingehen, die offenbar dem Betroffenen fehlt. Seelische Kraft ist nicht irgendwo im Gehirn gespeichert. Man kann sie deshalb auch nicht verbrauchen und nicht „auftanken". Natürlich hängt sie irgendwie mit den Gehirnzellen zusammen. Die Leistungsstärke von Nervenzellen kann sicher durch starke oder langfristige Reizung erniedrigt werden. Die notwendigen chemischen Betriebsstoffe wie Sauerstoff, Phosphate, Glukose, Botenstoffe oder gar Ionen können aber vom Blut rasch nachgeliefert werden, spätestens während der Nachtruhe. Das gilt auch für den Abtransport von störenden Stoffwechselprodukten.

Seelische Kraft liegt wohl eher im harmonischen Zusammenspiel vieler Einzelkomponenten eines sehr komplizierten „Orchesters" von Gehirnfunktionen. Wenn Mitglieder dieses Orchesters überlastet sind, wird *Müdigkeit* eintreten. Gefühlte *Erschöpfung* dürfte sich aus unstimmigen Einzelaufgaben ergeben, die im Tagesverlauf zur Verarbeitung anstanden, aber zu Teilen noch nicht erledigt werden konnten und noch als *Störfaktor* im Hintergrund, also im Unbewussten präsent sind. In den folgenden Kapiteln werde ich eine Reihe von *Störfaktoren* speziell in Hinsicht auf das Erschlaffen der Tatkraft besprechen. Sie nehmen auf die sogenannte intrinsische Motivation Einfluss. Hier zunächst eine Übersicht über die dringlichen Krankheitszeichen bei fortgeschrittenem Burnout.

Tab. 5: Dringliche Krankheitszeichen bei fortgeschrittenem Burnout

- Hoffnungslosigkeit, Pessimismus
- Neigung zum Weinen
- innere Leere, Apathie, Abstumpfung
- Desorganisation bis Chaos
- sieht keinen Sinn mehr in Aufgaben, im Leben
- häufige Konzentrationsschwäche
- unbestimmte Ängste
- deutliche Gedächtnisausfälle
- Hilflosigkeit, Selbstaufgabe, Verzweiflung
- Drogen, Alkohol
- Selbstmordgedanken

⤏ Ein Arzt oder Psychologe sollte konsultiert werden!

Berücksichtigt man die Auswirkung von Selbstzweifeln (siehe Seite 57), ist fraglich, ob *Ablenkung* im Sinne eines schönen Urlaubs oder Ruhigstellung in einem Sanatoriumsaufenthalt selbst in frühen Phasen des *schweren* Burnout nachhaltig helfen können. Ein guter Coach müsste sich um Aufarbeitung der verdrängten Inhalte bemühen (siehe Kapitel 9), im Urlaub müsste vielleicht ein fachkundiger Freund bei der Erarbeitung neuer tragender Konzepte für die berufliche Weiterarbeit helfen. Dabei müssten alle erdenklichen Stressoren angesprochen und ausgeschaltet und eine Fülle von Gefühlen, Stimmungen und Antrieben berücksichtigt werden, wie in den nächsten Kapiteln ausgeführt wird. Aber Achtung: Gerade der vertraute Kollege oder der nahe Freund könnte Teil des Problems sein, unbewusst natürlich.

Sollten Sie den Verdacht hegen, dass Sie *selbst* Burnout-*gefährdet* sein könnten, haben Sie gute Chancen! Bei einigermaßen begründetem Verdacht ist es nicht nur sinnvoll, sondern weise, aktiv zu werden, z.B. in Form einer Testung.

Für den diagnostischen Selbsttest empfehle ich den MBI-Test nach Maslach (Maslach Burnout Inventory), der hier in etwas modifizierter Form wiedergegeben ist. Der Test gibt Hinweise auf die Ausprägung des Burnout, ist aber nicht geeignet, die Diagnose gegenüber ähnlichen Erkrankungen festzulegen. Daher stelle ich ihn hier auch nur vor für diejenigen, die den *Verdacht* haben, betroffen zu sein. Liegt die Gesamtpunktzahl über 50, ist es sinnvoll, einen Arzt oder einen Psychotherapeuten aufzusuchen.

Fragenkatalog zur Symptomatik bei Burnout

Die Fragen sollen Persönlichkeitsveränderungen aufzudecken helfen. Sie sind mit 1 Punkt für „trifft nicht zu" bis 5 Punkte für „trifft voll zu" zu beantworten. Mit dem Test kann keine Diagnose gestellt werden, aber es kann sich der mehr oder weniger starke Verdacht auf die Entwicklung eines Burnout ergeben. Eine Summe von 50 Punkten wäre als verdächtig, eine von 70 als bedenklich einzustufen.

Ich fühle mich durch meine Arbeit ausgebrannt.	____
Der direkte Kontakt mit Menschen bei meiner Arbeit belastet mich zu stark.	____
Den ganzen Tag mit Menschen zu arbeiten ist für mich sehr anstrengend.	____
Ich fühle mich von den Problemen meiner Mitarbeiter persönlich betroffen.	____
Ich vermute, dass ich manche Mitarbeiter wie unpersönliche Objekte behandle.	____
Ich fühle mich durch meine Arbeit emotional ausgelaugt und erschöpft.	____
Ich habe nicht das Gefühl, dass ich das Leben anderer Menschen positiv beeinflusse.	____
Ich fühle mich unwohl, wenn ich mit anderen Menschen arbeiten muss.	____

▶

Ich glaube, dass ich nicht mehr weiter weiß.	____
Bei der Arbeit belasten mich emotionale Probleme.	____
Ich habe ein schlechtes Gefühl wegen meiner Behandlung fremder Leute.	____
Am Ende eines Arbeitstages fühle ich mich verbraucht.	____
Im Umgang mit Mitarbeitern kann ich keine entspannte Atmosphäre herstellen.	____
Ich fühle mich müde, wenn ich morgens aufstehe und an den kommenden Tag denke.	____
Die Gefühle anderer kann ich schlecht nachvollziehen.	____
Mir fehlt genügend Energie für meine Aufgaben.	____
Mir fehlt der Glaube an den Erfolg meiner beruflichen Bemühungen.	____
Ich habe das Gefühl, dass ich an meinem Arbeitsplatz zu hart arbeite.	____
Ich fühle mich durch meine Arbeit frustriert.	____
Ich habe das Gefühl, dass Mitarbeiter mir die Schuld für einige ihrer Probleme geben.	____
Die Erfolge meiner Arbeit halte ich für unzureichend.	____

Ich befürchte, dass mich meine Arbeit emotional verhärtet.	____
Ich kann Probleme anderer Menschen nur schwer nachvollziehen.	____
Das Schicksal meiner Mitarbeiter lässt mich kalt.	____
Seit ich meine Arbeit ausübe, bin ich gefühlloser im Umgang mit anderen geworden.	____
Summe der Punkte:	____

Ein Jobwechsel
kann die beste Therapie sein

Es gibt sehr viele *Stressursachen*, die in Untersuchungen als verantwortlich für den Knick in der Verarbeitung der Lebens- und Arbeitsumstände vermutet wurden. Über diese Ursachen kann man in vielen Büchern nachlesen oder in Wochenendseminaren erfahren. Ihre Wirkung ist immer nur *vorübergehend*. Die gezielte Suche nach Auslösern mag im Einzelfall erfolgreich sein, die Beseitigung der schuldigen Ursache mag im Idealfall eine Wiederaufnahme der gewohnten Tätigkeit in früherem Seelenfrieden ermöglichen. Wenn z. B. nur ein ständiger Streit mit einem bestimmten Mitarbeiter die Ursache ist oder eine hemmende oder erniedrigende Arbeitsvorschrift, dann kann man versuchen, durch Entfernen der (einzigen) Ursache eine Korrektur zu erzielen.

Meist sind allerdings längst auch schon andere Störfaktoren involviert, haben sich vielleicht schon andere Mitarbeiter mit dem Kollegen verbündet, hat sich also der krankmachende Störfaktor ausgebreitet. Dann müsste das ganze Umfeld „saniert" werden. Man sollte besser keine wertvolle Zeit verstreichen lassen, um derartige Maßnahmen zu ergreifen. Allerdings sind in der *Phase der Leistungsminderung*, über die wir hier sprechen, im Gehirn des Betroffenen alle zentralen Zuordnungsfehler von (falschen?) Einstellungen schon viel weiter fortgeschritten, als der Beobachter vermutet. Daher dürfte Diskutieren und Argumentieren nicht mehr hilfreich sein.

Eines ist sicher, wenn auch schwer zu realisieren: Die einzige sinnvolle radikale Hilfe dürfte der Rat zur *konsequenten Aufgabe* der aktuellen Aufgaben samt deren Umfeld und ein (beruflicher) *Neuanfang* sein.

Manche Psychologen haben diese Strategie als „Weglaufen" oder als „Flucht vor der Realität" gekennzeichnet. Ich halte den radikalen Neuanfang für eine kluge und mutige Maßnahme, um aus dem Gestrüpp von vielfältigen und undurchsichtigen Stressoren herauszukommen. Zahlreiche Karrieren erfolgreicher Persönlichkeiten weisen wiederholte derartige prinzipielle Neuorientierungen auf („Ich wollte mal etwas ganz anderes probieren"). Man darf vermuten, dass viele von ihnen einem Burnout entgangen sind, indem sie ganz instinktiv oder bewusst eine neue Freiheit, eine neue konfliktfreie Basis gesucht und gefunden haben.

Wenn man dagegen versucht, die Ursachen der weggebrochenen Motivation zu verdrängen, zu überspielen oder zu leugnen, dürfte der Burnout-Prozess eher schneller fortschreiten: Die nicht mehr beachteten Ursachen stören im Unterbewussten weiter.

Wenn Zweifel am Weltbild nagen

Wie bereits erwähnt, gibt es trotz aller Forschungen und Bemühungen noch keine allgemein anerkannte Definition des Prozesses bzw. der Erkrankung. Und es gibt schon gar keine allgemein überzeugenden Modelle, wie man sich das auffallende Abgleiten von immer mehr zunächst erfolgreichen Persönlichkeiten in Negativismus und Lustlosigkeit und dann weiter in Antriebsschwäche, Hoffnungslosigkeit und Verzweiflung vorstellen kann.

Ich will versuchen, einige Voraussetzungen für den auffälligen „Knick" in der Lebenslinie zu erklären. Dabei werde ich mich auf psychologische Grundlagenforschungen stützen und dann aus dem Blickwinkel der leicht nachvollziehbaren Alltagspsychologie die Änderung im Verhalten auf einen Nenner bringen.

Wenn der Mensch auf die Welt kommt, hat er keinerlei Orientierung über seine Umwelt. Er bekommt die nötigen Informationen im Laufe der Jahre von den Eltern, von Altersgenossen und Lehrern, erwirbt auch selbstständig viele Erkenntnisse und hinterfragt sie. So konstruiert er sich ein meist unterschwellig vorhandenes, aber sehr differenziertes *inneres Weltbild*. Wichtiger Teil desselben wird die Vorstellung von seiner *Arbeitswelt*. Auch Sie können sich den eigenen derartigen Orientierungsrahmen ins Bewusstsein rufen und sich dadurch über Ihre persönliche Position in dieser Welt vergewissern.

Zu diesem Rahmen gehören auch die schon besprochenen *Einstellungen* z. B. zu Ehrlichkeit, Pünktlichkeit, Ordnung, überhaupt zur Arbeitsauffassung. Standfeste Schwestern dieser Einstellungen sind die Überzeugungen (zu Politik, Religion, aber auch zu Materialismus, Kapitalismus oder Karriere).

In einem solch festgefügten, verlässlichen Weltbild lebte auch jeder der als Beispiel skizzierten Burnout-Kandidaten aus Kapitel 1. Sie hatten sich alle ein Bild von ihrem Platz in ihrer Umwelt geschaffen. Er war nicht nur für externe Betrachter erkennbar oder zu spüren, er existierte in ihrer subjektiven Vorstellung. Sie hatten sich dafür ein stabiles *Selbstwertgefühl* aufgebaut und überwachten es mit mehr oder weniger *Selbstkritik*.

Ich stellte schon den Unterschied zwischen Selbstkritik und *Selbstzweifel* heraus: Kritik sollte konstruktiv sein können, Zweifel dagegen sind destruktiv, sie „nagen", sagt man. Sie können Unsicherheit erzeugen. Aus dieser Unsicherheit heraus wird man unstet, launenhaft, aggressiv.

Aus mangelndem Selbstwertgefühl heraus verliert man die Freude an der Arbeit. Die Motivation versiegt. Der Erfolg bleibt aus.

Jeder kann das nachempfinden. Ich bin sicher, dass der Weg in den Burnout ganz entscheidend durch *Selbstzweifel* vorgegeben wird. Sie können sich gerade bei „Einzelkämpfern" wie Lehrern oder Krankenschwestern, die hohe *Verantwortung* tragen, einschleichen. Zweifel können sich auf viele Einzelheiten einer glänzenden Karriere beziehen, können an vielen Facetten eines bislang festgefügten Weltbildes angreifen: am Können, an den persönlichen Anlagen oder Schwächen, aber auch an gelegentlichen Misserfolgen oder an böser Nachrede. Zweifel können von „lieben" Kollegen gesät und geschürt werden.

Die Folge von Selbstzweifeln: Sie bringen den persönlichen Orientierungsrahmen zum Wanken, und dann verliert die Person ihren gewohnten inneren Halt.

Auch diese Entwicklung kann jeder nachvollziehen. Man denke an *Schuldgefühle*: „Habe ich doch falsch gehandelt?", „Habe ich mich überschätzt?" Selbstzweifel an eigenen moralischen Entscheidungen führen zu *Selbstvorwürfen*, die einen Burnout-Betroffenen auch plagen können. Und wenn das tragende Gerüst erst instabil ist, wenn man sich nicht mehr darauf verlassen kann, wird man unsicher, ist schließlich „verunsichert". Und von da ist der Weg nicht weit zu *Ängsten*, eingestandenen oder unterschwelligen und unbewussten. Unsicherheit durch übermäßige negative Selbstkritik gibt es auch bezüglich der eigenen geistigen Fähigkeiten, wie schon dargestellt wurde.

Dieser Erklärungsversuch der Burnout-Entstehung setzt im *kognitiven* Bereich an, also beim Denken, Argumentieren und damit eben auch beim Zweifeln. Der vom Verstand geleitete Beginn geht dann aber gleitend in eine *emotional* bestimmte Phase über, wie ich im folgenden Kapitel erklären werde. Und ich habe ja schon erwähnt, dass auch Ängste direkt in diese emotionale Phase eingreifen können.

Das Wichtigste noch einmal in Kürze:

- Krankheitsempfindungen müssen nicht mit der Realität übereinstimmen, sind aber durch Hirnfunktionen verursacht. Hirnmechanismen können auch den Eindruck von Besserungen erzeugen.
- Burnout ist noch nicht offiziell als Krankheitseinheit anerkannt, kann aber bei stärkeren Symptomen ärztliche Betreuung erfordern.
- Die Hoffnung kann man sich als die „seelische Kraft" vorstellen, also Planungen der Zukunft mit positiven emotionalen Markern.

▶

- Mit Fragebogentests (z. B. MBI) kann man einen begründeten Verdacht von Burnout belegen. Er kann Anlass für die Konsultation eines Arztes sein.
- Offensichtliche äußere Störfaktoren kann man zu beseitigen suchen. Der Grund für Burnout liegt aber meistens in eher grundsätzlichen Problemen.
- Da oft sehr viele vernetzte Einzelheiten zum Beginn und zur Verstärkung des Burnout beitragen, kann ein Orts- oder Jobwechsel die beste Therapie sein.
- Selbstzweifel stellen wahrscheinlich am Anfang des Burnout die entscheidenden Weichen in Richtung Unsicherheit, Launenhaftigkeit, Überdruss.
- Zweifel können das eigene Weltbild ins Wanken bringen und das Selbstwertgefühl entscheidend beeinträchtigen.

5 Gefühle: ihre Rolle beim Burnout

Burnout trifft die Menschen gewöhnlich im Beruf: beim Lehren, beim Pflegen, im Büro oder Betrieb. Dort stellt man sich den *denkenden Menschen* vor, dessen erschöpfter *Denkapparat* in falsche, unproduktive, selbstbehindernde Fehlanpassungen gedrängt wird und mit falschen Bewältigungsstrategien immer tiefer in die Krise gerät. Extrinsische Ursachen (aus der Umwelt) in Form von stressigen Sachzwängen oder hektische, aggressive Menschen im Umfeld scheinen die häufigsten der vielfältigen Ursachen zu sein.

Aber: Man spricht im Verlauf von Burnout von zynischer oder aggressiver *Stimmung*, von Unruhe, Anspannung oder Gleichgültigkeit, von Misstrauen und Enttäuschung, dem *Gefühl* der Unsicherheit oder der Angst, von verringertem Selbstwert*gefühl*, von Antriebsschwäche, Niedergeschlagenheit, Apathie, vom *Gefühl* des Versagens, der Erschöpfung, der Vereinsamung, von Verzweiflung, von Hoffnungslosigkeit oder dem *Gefühl* der Hilflosigkeit usw.

Diese Aufzählung von Begriffen, die alle im Vorangegangenen schon vorgekommen sind, belegt, dass *Gefühle* offenbar eine wichtige Rolle im Verlauf des Burnout-Prozesses spielen. Daher möchte ich näher auf die *emotionalen Systeme* eingehen und einen Ausflug in die Emotionspsychologie machen.

Emotionen organisieren Körperfunktionen für Spezialaufgaben

Beim Menschen hat man etwa sechs sogenannte *primäre Emotionen* festgestellt, primär, weil sie genetisch festgelegt, also angeboren sind: Angst, Wut, Freude, Trauer, Überraschung, Ekel. Ursprüngliche Hauptaufgabe der Gefühle in der Phylogenese (Stammesgeschichte), also schon bei primitiven Tieren, ist es, die *Körperfunktionen zielgerichtet zu koordinieren*. So sollen z.B. bei Wut oder Angst *zwecks Angriff oder Flucht* die Muskelaktivität aktiviert und der Kreislauf in funktionsgerechter Weise umdirigiert werden. In der Gefahr soll ja der arbeitende Muskel gut mit Nährstoffen aus dem Blut versorgt werden. Diese Schaltungen laufen außerordentlich schnell ab und haben sich in Jahrmillionen bewährt.

Das wichtigste Gefühl ist – von der Entstehungsgeschichte der Arten her betrachtet – die *Angst*: Sie ist lebensrettend, sie warnt die Lebewesen vor Gefahren, und zwar auch noch den heutigen Menschen, und organisiert sofort geeignete Antworten des Körpers. Auch beim Burnout hat die Angst eine zentrale Bedeutung. Sie kann auf verschiedene Formen von Versagen hinweisen. Hier allerdings wirkt sie oft unbewusst und unterschwellig. Man muss sie richtig deuten, denn sie kann auch große Probleme bereiten.

Schon bei niederen Tieren wird jeder *Gedächtnisinhalt* mit einer Information über das *zugehörige Gefühl* gekoppelt und mit ihr gespeichert, sobald ihr Gehirn eine nennenswerte Gedächtnisfunktion besitzt. Wird der Gedächtnisinhalt dann wieder erinnert, wird auch das zugehörige Gefühl wieder aktiviert. Das Tier meidet gewisse Plätze, wenn es sich erinnert, dass es dort durch Gefahr erschreckt worden war, oder sucht Nahrung aus, deren Geschmack oder Geruch schon mit einem Wohlgefühl verbunden war. Das gilt auch für uns: Wenn wir uns an eine frühere unangenehme Begebenheit erinnern, z. B. ein Streitgespräch mit einem Kollegen, kommt gleichzeitig auch die damalige Erregung auf, es wird uns heiß, Puls und Blutdruck steigen wieder. Erinnerung und Gefühl und die zugehörigen Körperreaktionen bleiben also verbunden.

Emotionen dienen auch als Bewertungssystem

Der Neurowissenschaftler Antonio Damasio hat als erster ausdrücklich darauf hingewiesen, dass der Mensch nicht nur jede erinnerte Szene, sondern jeden für ihn irgendwie bedeutenden Begriff mit einem sogenannten *emotionalen Marker* verbindet. Auch Sie wissen sofort, wenn Ihnen z. B. eine Banane, ein Kleidungsstück, ein Schlager oder eine Automarke ins Bewusstsein gerufen wird, ob Sie das mögen oder nicht. Die Marker sind besonders eindeutig bei Personen, etwa bei einer Schauspielerin, einem Nachrichtensprecher oder Politiker oder auch bei einem Nachbarn oder einem Kollegen im Beruf.

Sie sollten hier einen Augenblick mit dem Lesen innehalten und die Behauptung überprüfen. Gehen Sie alle Begriffe im vorigen Absatz noch einmal durch und achten Sie auf Ihr Gefühl! Der Begriff „Transistor" wird bei Ihnen vielleicht kein Gefühl hervorrufen, weil er für Sie keine persönliche Bedeutung hat. Aber bei den Gegenständen oder Umständen Ihrer täglichen Welt wird die Regel immer gelten. Sie werden gleich erfahren, wie wichtig diese Verknüpfung mit den Gefühlen in unserem Alltag ist.

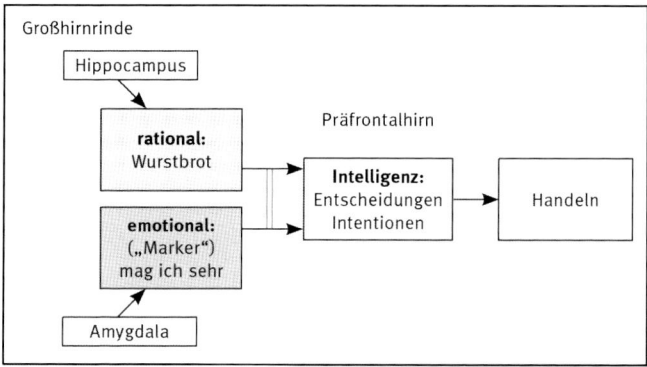

Abb. 6: *Emotionale Marker: Jeder rationale, also vom Verstand behandelte Gedächtnisinhalt (hier „Wurstbrot", Hintergrund hellgrau), wird in den jeweiligen Abspeicherungsorten der Großhirnrinde aktiviert. Dadurch wird er „im geistigen Vorstellungsraum präsentiert", also denkbar. Aber immer wird eine emotionale Bewertung („mag ich sehr", grau hinterlegt) aus dem Gefühlszentrum, der sogenannten Amygdala, hinzugefügt, sobald das Individuum eine gewisse persönliche Beziehung zu dem Inhalt entwickelt hat. Es kann sich um Begriffe, Gegenstände, Personen oder Ereignisse handeln. In dieser Kombination wird der Gedanke im Gehirn z. B. bei Entscheidungen verwendet. Alles Denken, alle Handlungen des Menschen sind daher subjektiv, also durch seine Gefühle mitbestimmt.*

Mit der Feststellung, dass auch das Denken über *Arbeitskollegen* mit emotionalen Markern verbunden ist, sind wir schon beim Burnout. Hegt jemand z. B. einen heimlichen Groll gegen einen bestimmten Mitarbeiter, wird die gefühlsmäßige Bewertung auch aufgerufen, wenn man an diesen Kollegen ganz beiläufig denkt. Und wenn mit diesem Kollegen auch noch eine Folge von unangenehmen Ereignissen verbunden ist, etwa persönliche Niederlagen, die noch nicht wirklich überwunden oder durch Erfolge wettgemacht sind, dann kann einem das *schlagartig die Laune verderben*.

Wir alle kennen solche Erinnerungen, die man lieber nicht hervorholt. Aber jeder von uns weiß auch, dass eine erhebliche Unruhe aufkommt, wenn solche Erinnerungen mitten in der Nacht auftauchen. Wenn man Belastendes verdrängt und nicht richtig aufgearbeitet hat, trägt man es lange als emotionalen Störfaktor mit sich herum – manches schon seit der Kindheit oder Jugend.

Keine Angst: Durch diese emotionalen Marker an Ihren Erinnerungen sind Sie nicht gleich Burnout-gefährdet. Es geht nur darum, welche geistig-seelischen Mechanismen überhaupt zu emotionalen Fehlkombinationen führen könnten.

Verdrängte frühere Niederlagen könnten auch starke Persönlichkeiten stimmungsmäßig niederzwingen, wenn sie in einem unglücklichen Augenblick in zu großer Zahl erinnert werden oder wenn sie mit anderen wesentlichen Problemen zusammentreffen.

Denn auch das kennt jeder: Wenn man sich erst einmal an eine Unannehmlichkeit erinnert hat, ist es nicht unwahrscheinlich, dass die nächsten auch gleich aus dem Unbewussten aufsteigen.

Abgesehen davon, dass die Emotionen unbewusst Körperorgane zielgerecht zusammenschalten, funktionieren sie also auch als ein überaus wichtiges *Bewertungssystem* für alles, was wir erleben oder denken. Das gilt sogar für unsere *Pläne*, die wir theoretisierend im abstrakten Raum machen. Wenn sie uns mit Freude erfüllen, werden wir sie bei nächster Gelegenheit auch gerne wieder ins Bewusstsein, genauer in unser Arbeitsgedächtnis holen und dann bevorzugt umsetzen. Und es gilt gleichermaßen natürlich auch für *Befürchtungen*, die ein Burnout-Kandidat mit sich herumträgt und die dann wegen der Begleitung von Furcht im Unbewussten eine Wirkung entfalten könnten.

Damit tragen die Marker zur *gerichteten Motivation* bei, die wir im Kapitel 7 genauer betrachten werden: Die Marker bezeichnen auch die schon bekannten externen Anregungen, also solche, die von außen, von der Umwelt auf uns einwirken: Aufforderungen, Sachzwänge usw. Sie heben die für den einzelnen wichtigen heraus, im warnenden oder im bejahenden Sinne.

Der Mensch ist nicht nur ein Verstandeswesen

Sie ahnen es schon: Emotionale Marker fügen wir natürlich auch bei ganz verstandesbetonten *Einstellungen* hinzu, also der Einstellung zu Ehrlichkeit, zu Ordnung am Arbeitsplatz, zu Pünktlichkeit, Sorgfalt bei beruflichen Aufgaben und zu Pflichtbewusstsein. Wir mögen sie und finden sie dadurch wichtig oder gerade nicht. Damit haben die (ganz persönlichen) Gefühlsregungen einen enormen *Einfluss auf unser ganzes Verhalten* und Handeln.

Evolutionspsychologen, die uns von der abgehobenen Warte der Stammesentwicklung der Tiere betrachten, sind daher der Ansicht, dass wir gar nicht die „Verstandeswesen" sind, für die wir uns immer halten. Wir sind es natürlich im Feld der Naturwissenschaft und Technik, aber nicht bei unseren persönlichen Entscheidungen. Denn diese werden gefällt unter dem Eindruck der Bewertungen, die wir uns gefühlsmäßig gebildet haben. Und die kommen natürlich auch bei (unterschwelligen?) Konflikten des Burnout-Betroffenen ins Spiel.

Will man Burnout überwinden, müssen nicht nur rationale Intentionen, also verstandesmäßige Absichten herausgefunden werden, die Probleme bereitet haben könnten, sondern auch *Gefühle*, die mit im Spiel waren. Dieses Vorgehen nennt man „emotionsorientiertes Coping".

Die Gefühle wiederum *haben immer Ursachen*: Man hat Angst *wegen* etwas, auch wenn man vielleicht die Ursache nicht genau kennt.

Emotionen koordinieren also die Körperfunktionen und stellen ein Bewertungssystem dar. Aber wir *fühlen* sie doch auch als Freude über die Gehaltszulage oder als Zorn über den intriganten Kollegen – wie geht das zusammen?

Um das zu verstehen, werfen wir wieder einen Blick ins Tierreich: Die Emotionen stellen auf einen Reiz hin (also infolge der Feststellung einer Gefahr mit Hilfe der Augen und/oder der Ohren) die Muskeln und den Kreislauf auf eine schnelle Flucht ein (das ist im lateinischen Wort „E-motion" enthalten: „e" = aus einem Grund, „motion" = bewegen, eine Aktion veranlassen). Wenn nun das Tier ein genügend großes Gehirn hat, das durch Denken die Aktion effektiver machen könnte, wie es z. B. bei Hunden und Katzen oder gar bei Affen der Fall ist, dann muss die Emotion neben den Körperorganen *auch das Gehirn selbst* alarmieren, damit es „am gleichen Strang zieht". Wenn das Tier ein Bewusstsein hat, muss die Gefahr ins Bewusstsein gelangen können. Daher spürt es auch Angst, sobald die Augen die Gefahr melden. Und deshalb empfinden auch wir sie sehr deutlich, oft sogar deutlich länger, als die Gefahr selbst dauert.

Leider hat das menschliche Gehirn in seiner Komplexität also die Möglichkeit entwickelt, die Gefühle noch zu spüren, wenn die Ursache längst vorbei ist. Das Nachklingen ist z. B. auch beim Schmerz sehr eingehend untersucht worden.

(Den „seelischen" Schmerz muss man dann mit gesonderten, „zentral", also im Gehirn wirkenden Schmerzmitteln bekämpfen – zusätzlich zu den „peripheren" dort, wo der Schmerz entsteht.) Und dieses Nachklingen kann zum Problem werden, auch beim Burnout: Man kann noch lange wütend oder verzweifelt sein, wenn die Sache selbst längst vorüber ist und man bereits vor neuen Aufgaben steht.

Sekundäre Gefühle: Kombinationen aus einem Begriff und dem Gefühl dazu

Sicher möchten Sie einwenden, dass es doch außerordentlich viel mehr Gefühle gibt als die aufgezählten sechs. Richtig, man kann nicht nur freudig erregt sein, man könnte auch nur amüsiert sein oder andererseits begeistert oder (über-)glücklich oder selig. Das sind genau genommen *quantitative Unterschiede* des einen Gefühls „Freude", denen man gesonderte Namen gegeben hat.

Das Gehirn bildet aber auch *Mischungen* verschiedener Gefühle, eine riesige Palette von sogenannten *sekundären Gefühlen*. Wir kennen einen Unterschied zwischen Entdeckerfreude und Sammlerglück, Besitzerstolz und Prahlerei, Nationalstolz und Fußballbegeisterung, Vorfreude und Hoffnung, Höhenangst und Todesangst.

Das sind eigentlich alles Kombinationen aus einem Begriff und dem zugehörigen Gefühl. Es gibt ein Krankheits- und ein Belastungsgefühl, ein Erschöpfungsgefühl, ein Gefühl der Frustration, wo man keinen Ausweg sieht, sich aber manchmal doch auflehnt, es gibt ein Gefühl der Niedergeschlagenheit oder der Hoffnungslosigkeit.

> Der Mensch kann nicht nur besser *denken* als die Tiere, er hat auch bei Weitem das größte Reservoir an sekundären *Gefühlen*, da er abstrakt denken und vielerlei Begriffe mit besonderen Gegebenheiten verbinden kann.

Das *Erschöpfungsgefühl* ist im Falle des Burnout besonders interessant. Es ist ursprünglich Teil der unbewussten Belastungsbeurteilung des Bewegungsapparats und des Kreislaufs durch das Gehirn. Das Belastungsgefühl ist so exakt, dass es beim Ausdauertraining z. B. nach Herzinfarkt sogar Blutuntersuchungen ersetzen kann. Es ist biologisch sinnvoll, genetisch programmiert und wird durch Sensoren im Körper ausgelöst.

Auch in der Phase verringerter *psychischer* Leistung, in der der Betroffene sich wegen Antriebsmangels von Aktivitäten fernhält, fühlt er sich erschöpft. Bei seelischen Belastungen kann das Gehirn nämlich dieses Begleitgefühl sozusagen auch unter Umgehung der Muskelrezeptoren, also der Nerven, die eine reine Erschöpfung der Muskeln melden, auslösen, um sich zu schützen.

Vom Gefühl der Erschöpfung kann ich wieder überleiten zu den *fortgeschrittenen Stadien* des Burnout. Diese Zustände sind nicht nur begleitet von Emotionen, sie werden durch solche auch charakterisiert und teilweise hervorgerufen. Emotionen spielen vermutlich eine führende Rolle, zunächst jedenfalls gefühlsmäßig. Es bleibt zu untersuchen, wieweit der *Verstand* am Zustandekommen der Spätstadien des Burnout überhaupt noch wesentlichen Anteil hat und ob das Geschehen nicht gerade durch weitgehenden „*kognitiven Kontrollverlust*" zustande kommt, ob also das Fortschreiten der Erkrankung in späteren Stadien nicht mehr ausreichend vom Verstand beeinflusst werden kann, aus welchen Gründen auch immer.

Vielleicht kennen Sie das Gleichnis von Plato, dem weisen Philosophen des griechischen Altertums: Er verglich die Gefühlswelt mit wilden Rossen vor einem Streitwagen und den Verstand mit dem Lenker, der sie im Griff haben, sie „zügeln" muss. Sind beim Burnout am Ende die Rosse führerlos geworden? Jedenfalls sind sie sehr bestimmend, wie wir gleich sehen werden.

Ungünstige emotionale Marker

Man sollte also beim Umgang mit Burnout die Emotionen berücksichtigen. Am Anfang des Prozesses muss man sich darauf einstellen, dass die emotionalen Marker vom Individuum aus seiner Erfahrung heraus „gesetzt" werden. Sie können sich dann aber ändern, schleichend oder plötzlich. Wir alle haben schon einmal erlebt, dass man mit einem Kollegen, der von niemandem gemocht und abgelehnt wird, bei irgendeiner Gelegenheit näher ins Gespräch kommt und plötzlich feststellt, dass er eigentlich recht umgänglich ist. Und danach beurteilt man ihn auch ganz anders: Der ist doch ganz nett. Man ändert also seinen emotionalen Marker von „mag ich nicht" zu „finde ich nett".

Wenn man gemeinsam mit einem Burnout-Gefährdeten ganz gezielt dessen emotionale Marker (z. B. bezüglich der Kollegen oder sachlicher Gegebenheiten des Betriebs) durchgehen würde, würde man viele unnötig abweisende, verärgerte, aggressive Bewertungen herausarbeiten können: Sie stehen ihm beim gedanklichen Umgang mit seinen Problemen im Weg und leiten ihn in eine ungünstige Richtung. Vielleicht sind es nur einzelne, vielleicht aber auch schon viele, die ihn in ihrer Gesamtheit beeinflussen – und es werden in Zukunft noch mehr.

Wenn man falsche Marker erkennt, könnte man mit dem Verstand, gewissermaßen als der Pferdelenker aus Platos Gleichnis, vorausschauend etwas dagegen unternehmen. In den späten Stadien des Burnout-Prozesses ist eine Einflussnahme sehr viel schwieriger. Zwar ist es Tradition, dies mit Mitteln des Verstandes, also mit Argumenten zu versuchen, vermutlich aber wären Strategien, die gezielt auf die Gefühlswelt abheben, erfolgreicher.

Die Allgegenwart der emotionalen Marker hat übrigens noch eine andere Konsequenz: Da der Mensch nahezu ausschließlich mit Begriffen und in Zusammenhängen denkt, die er aus seinem Gedächtnis abruft, und da sie alle (wenn wir einmal von wissenschaftlichen Gedankengängen absehen) mit seinen eigenen Gefühlserlebnissen gekoppelt sind, ist klar, dass der Mensch gar nicht objektiv denken kann. *Alles Denken ist subjektiv gefärbt.*

Und dieser philosophische Grundgedanke hat wiederum für den Burnout Konsequenzen: Ein Mensch, der sich in gewisse feindliche Gedanken verrannt hat, kann unglaublich subjektiv und damit unlogisch denken: Er „wertet" wichtige Tatsachen unrealistisch – und das macht er mit seinen emotionalen Markern.

Burnout-Patienten argumentieren oft subjektiv, in ihrem Unterbewusstsein. Sie hindern damit ihren Verstand, die Dinge wieder vernünftig zurechtzurücken, und steigern sich nicht selten in schädliche Hirngespinste hinein.

Ein solches Verhalten ist ein Grund mehr, ausführlich miteinander zu sprechen und sich ganz gezielt und in Einzelheiten mit seiner Gefühlswelt auseinanderzusetzen. Im Alltag gehören Gefühl und Verstand viel enger zusammen und sind schwerer zu trennen, als wir uns bewusst sind.

Selbstzweifel contra Hoffnung und Lebenskraft

Bleiben wir noch etwas bei diesen Markern und stellen wir uns einen Kollegen vor, der sich in einer Art Tagtraum den Erfolg ausmalt, den er nach Fertigstellung seiner aktuellen Arbeit haben wird. Er verbindet seine Vorausschau mit einem positiven, freudigen Marker. Man könnte es auch einfach *Hoffnung* nennen. Hoffnung ist nicht nur ein Gefühl. Gefühle begleiten hier Gedankeninhalte, die weitgehend unbewusst sein können, aber einen Grund und ein Ziel haben.

Stellen Sie sich jetzt einen anderen Kollegen vor, der sich ebenfalls ein solches Bild ausmalt. Dieser Kollege hat aber starke *Zweifel an seinen eigenen Fähigkeiten*. Wegen des Zweifels heftet er einen negativen Marker an seinen Zukunftsblick. Wenn seine Selbstzweifel das öfter bewirken, entsteht *Hoffnungslosigkeit*. Damit bin ich über die emotionalen Marker zu einem der wichtigsten Merkmale des Burnout gelangt: mangelnde *Hoffnung*. Ist sie vielleicht die „seelische Kraft", über die wir im vorigen Kapitel nachgedacht haben? Es gibt dazu eine Art Schlüsselexperiment. Es ist richtungweisend für Vorstellungen in der Psychologie und steht daher in fast jedem Lehrbuch, ist aber sehr grausam: Man ließ Ratten in einer Wanne mit Wasser schwimmen. Das taten die Ratten etwa 20 Minuten lang, immer an der glatten Wand entlang. Dann ertranken sie. Wenn man nun neuen Ratten gleich am Anfang einen Sockel als eine Art Untiefe hinschob, auf den sie für kurze Zeit hinaufklettern konnten, oder ihnen kurzfristig einen Stock zum Festhalten hinhielt, dann aber wieder wegnahm, schwammen sie etwa 45 Minuten, ehe sie ertranken. *Selbstaufgabe* und *Hoffnung*, das sind zwei Seiten einer Medaille. Die Ratte, die hofft, irgendwann wieder auf eine Untiefe klettern zu können, entwickelt die Kraft, doppelt lange zu schwimmen. Könnte man hier Parallelen zum Burnout ziehen?

In den nächsten Kapiteln wollen wir diese Frage im Blick behalten, uns zunächst jedoch weiter mit den emotionalen Systemen beschäftigen und mehr über den psychischen Stress erfahren.

Das Wichtigste noch einmal in Kürze:

- Die primären Emotionen wie Angst oder Wut entstehen auf Reize von außen oder innen. Sie koordinieren notwendige Körperfunktionen wie Blutfluss oder Muskelspannung und informieren auch das Gehirn.
- Allen Begriffen und allen Erinnerungen wird ein Gefühlsmarker zugeordnet, der sie subjektiv bewertet.
- Wegen der emotionalen Marker kann der Mensch – außer im wissenschaftlichen Bereich – nur subjektiv denken.
- Persönliche Niederlagen, die mit diesen Markern stark negativ bewertet sind, können bei wiederholter Erinnerung die Stimmung stark und längerfristig beeinträchtigen.
- Sekundäre Gefühle wie etwa Besitzerstolz können mehrere Gefühlsqualitäten enthalten und bewerten spezielle Konstellationen des Lebens.

- Versagensängste oder Hoffnungslosigkeit sind Emotionen, die speziell im Spätstadium des Burnout eine große Rolle spielen.

- Emotionale Marker können durch neue Erfahrungen verändert werden. Nach Fehleinschätzungen korrigiert man sie mit dem Verstand.

- Hoffnung ist eine Vorausschau mit Erwartungscharakter und positivem emotionalem Marker. Bei Hoffnungslosigkeit haben Selbstzweifel negative Marker gesetzt.

- Hoffnung ermöglicht das Durchhaltevermögen. Der Begriff der „seelischen Kraft" hat in dem psychischen Phänomen „Hoffnung" eine wichtige Wurzel.

6 Mit psychischem Stress umgehen

Über Stress wurde schon viel geschrieben. Die Autoren nennen sehr viele Stressursachen, auch im Zusammenhang mit Burnout. Diese vielen *Stressoren* brauchen wir hier nicht alle gesondert aufzuführen, es geht um das Prinzip, um die psychologischen Abhängigkeiten, die schon erforscht sind und die man vielleicht beeinflussen kann. In der Medizin ist Stress ein umschriebener Begriff: Auf viele verschiedene Stressoren reagiert der Körper mit einer einzigen *typischen Stressantwort.*

Das englische Wort „stress" kann man mit *Belastung* übersetzen. Diese Belastung kann körperlich sein, z. B. beim Sport oder beruflich im Handwerk oder in der Landwirtschaft oder in Form einer Verletzung. Körperliche Belastung ist in den meisten Berufen in den letzten Jahrzehnten geringer geworden und führt nach heutiger Kenntnislage auch nicht zum Burnout. Es gibt aber auch *psychische Belastungen,* z. B. durch Ängste oder durch Aggression. Bei ihnen sollte man zweierlei Mechanismen klar unterscheiden: einerseits die typische physiologische Stressreaktion über die Körperorgane, die durch Stresshormone vermittelt wird, und andererseits direkte psychische Einflüsse innerhalb des Gehirns (in dem die Ängste oder Aggressionen ja auch entstehen).

Psychischer Stress und seine Folgen

Ängste veranlassen eine typische *Stressreaktion*, gerade so wie körperliche Stressoren, also wie Arbeit, Wunden, Infektionen. Der Körper schüttet dann sogenannte Stresshormone aus: Katecholamine und Kortikoide. Das wichtigste Hormon der ersten Gruppe ist *Adrenalin*. Jeder kennt dessen Wirkung schon bei der einfachen Belastung des Treppensteigens: Pulsanstieg, Blutdruckanstieg, eventuell Schweißausbruch nach Erhöhung der Körpertemperatur durch vermehrte Muskelarbeit. Die Wirkung klingt wenige Minuten nach der Belastung wieder ab, weil das Adrenalin schnell abgebaut wird.

Beim ebenfalls in die Blutbahn abgegebenen *Kortison* ist das anders. Sein Spiegel ist nach einmaligem Stress nicht hoch und kaum wirksam. Sein Spiegel im Blut sinkt dann aber sehr langsam, es ist noch nach 24 Stunden im Körper vorhanden. Und wenn mehrmals am Tag erheblicher Ärger (psychischer Stress!) ansteht und dieser auch nach Feierabend wieder hochkommt, dann summieren sich die kleinen Einzelausschüttungen von Kortison zu gefährlicher Höhe, eben weil der Abbau so langsam vor sich geht. Dann kann Krankheit im Sinne einer *psychosomatischen Reaktion* ausgelöst werden; ein Herzinfarkt oder ein Magengeschwür können die Folge sein.

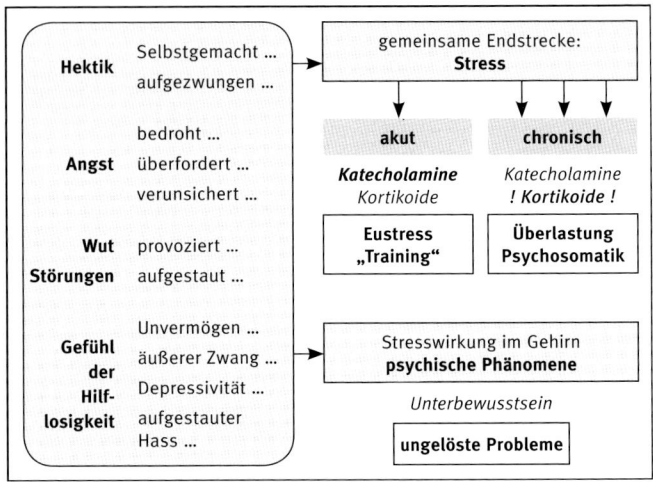

Abb. 7: *Psychische Stressoren und Verlaufsformen: Links Beispiele wichtiger psychischer Belastungen, die Stress erzeugen können. Tritt die Belastung nur akut, also einmalig und kurzfristig auf (rechts oben), werden Körper und Gehirn nur kurz alarmiert. Das ausgeschüttete Adrenalin wird nach wenigen Minuten wieder abgebaut. Dieser „Stress" schadet nicht, sondern trainiert. Wirkt die psychische Belastung aber immer wieder ein, summieren sich die Kortikoid-Ausschüttungen, weil dieses Hormon erst nach vielen Stunden langsam abgebaut wird. Dadurch kann Kortison schwere Nebenwirkungen haben (z. B. Beeinträchtigung der Infektabwehr, Bildung von Blutgerinnseln) und so zum Ausbruch einer Erkrankung beitragen. Unabhängig davon verursachen die „psychischen" Stressoren im Gehirn (wo sie entstehen) direkt auch psychische Wirkungen (rechts unten): Starke Angst kann z. B. das Denken blockieren. Sie können im Unbewussten langfristig stören.*

Diese hormonal vermittelte Stressreaktion als Folge von Psychostress führt aber nicht zum Burnout. Kortison hat zwar im Körper und im Gehirn gewisse Wirkungen, sogar zerstörerische, aber nicht in dieser Hinsicht, soweit wir heute wissen. Im Gehirn wirken die psychischen Stressoren, also Gefühle wie Angst oder Ärger, meist direkt. Sie wirken dort, wo sie entstanden sind und sich irgendwie schon befinden. Sie können die Stimmung beeinflussen oder Zweifel verstärken, können die Motivation herunterregeln und können zu Pessimismus oder gar zur Depression führen.

Angst: der wichtigste psychische Stressor

Ängste können das Denken und das Verhalten beeinflussen, können z. B. den Verstand im Examen völlig blockieren.
Diese mehrfach schädliche *Wirkung der Angst* soll in Abbildung 8 veranschaulicht werden. Leichte Angst wird in der Schule wie in der Wirtschaft und Verwaltung gezielt als Mittel zur Leistungssteigerung eingesetzt. Aus Angst vor schlechten Noten, Sitzenbleiben etc. lernt der Schüler eifriger, die Angst vor Lohnkürzung, Verlust des Arbeitsplatzes und Ähnlichem wird beim Arbeitnehmer gezielt ausgelöst, um ihn anzutreiben. Natürlich können Ängste dadurch allen Beteiligten gewisse Vorteile bringen. Aber Angst bleibt Angst. Sie kann dem Schüler Schlafstörungen oder Magenbeschwerden und dem Arbeitnehmer einen Herzinfarkt bescheren.

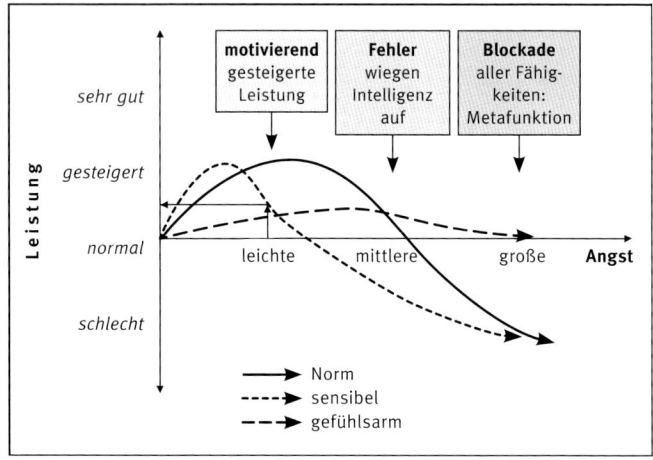

Abb. 8: *Angst ist ein besonderer Stressor: Leichte Angst erhöht die Aktivität und damit auch die Leistungsfähigkeit. Mittelstarke Angst z.B. vor Strafe oder vor dem Versagen in einer Prüfung steigert die Zahl von Fehlern. Große Angst führt zu einer gefühlsmäßigen Denksperre: Wenn Emotionen stärker werden, beeinträchtigen sie den Verstand. Das gilt nicht nur für die Angst. Auch starke Wut oder Trauer machen „blind". Bei sensiblen Menschen kann sich die Fehlerrate schon bei sehr geringer Angst einstellen (punktierte Linie). Gefühlsarme (gestrichelte Linie) werden dagegen kaum nachteilig in ihrer Leistung beeinflusst. „Starke Nerven" werden z.B. von Flugzeug- oder Formel-1-Piloten erwartet, also ein von Emotionen wenig beeinflusstes, „nüchternes" Denken.*

Angst kann auch in geringer, dafür aber chronischer Dosis ein *psychischer Stressor* sein, sogar der wichtigste in den Industrienationen. Man geht wohl nicht falsch, sie auch für die Entstehung und Verstärkung des Burnout anzuschuldigen.

Angst ist nur ein Faktor unter vielen. Man kann sich jedoch gut vorstellen, wie sie nicht selten beim Schüren von Selbstzweifeln mitwirkt: Kann ich mit meinen Fähigkeiten die drohenden Sanktionen abwehren? Kann ich das kräftemäßig durchhalten? Bin ich gut genug für Gegenstrategien?

Ängste aller Art können auch im *Unterbewusstsein* zirkulieren, wenn die Folgen von Streitgesprächen, Drohungen, Missgeschicken nicht aufgelöst oder beseitigt werden können. Es entspricht der psychologischen Lehrmeinung, dass geistige Probleme „aufgearbeitet", also irgendwie gelöst werden müssen, weil sie sonst im Unterbewusstsein zu einem Dauerproblem werden. Um die Bekämpfung von Ängsten hat sich die Verhaltenstherapie besonders bemüht, über die wir in Kapitel 9 noch sprechen werden.

Für das Bemühen um Auflösung gibt es zwei Zeitkategorien: In der *Tiefenpsychologie* sucht man meist Hilfe für Neurosen oder andere psychische Erkrankungen zu geben, also nicht eigentlich für Burnout. Man vermutet den Ursprung problematischer Konflikte weit zurückliegend in der Kindheit oder Jugend. Diese vermuteten Ausgangssituationen versucht man durch analysierende Gespräche aufzudecken.

Nicht aufgearbeitete Probleme

Im Zusammenhang mit Burnout kommen als Ursache für *unbewusste* Störprozesse offenbar Ereignisse aus der jüngeren Vergangenheit in Betracht, in erster Linie solche *aus* dem direkten *Arbeitsumfeld* oder der Familie. Sie mögen für den Betroffenen schwer erinnerlich sein, betreffen in der Regel aber sehr gegenwärtige Ereignisse. Genaue Vorstellungen über die Natur der Störvorgänge haben wir nicht. Möglicherweise lassen einzelne Neuronenverbände die ungelösten Probleme im Unterbewusstsein „zirkulieren". Oder die unterschwellige Erinnerung könnte gewissermaßen „auf Wiedervorlage" geschaltet sein, also in Abständen wieder aktiviert werden. Tatsächlich gibt es Nervenzellen, die kontinuierlich oder rhythmisch „feuern", also aktiv sind.

Wahrscheinlicher scheint mir die These, dass der Zugang zu den störenden Ereignissen sehr leicht auffindbar oder auffällig markiert und jedenfalls *leicht zu reaktivieren* ist, sodass er schon bei geringen, sehr allgemeinen Anlässen wieder *assoziiert* (erinnert) wird. Wir alle haben schon die Erfahrung gemacht, dass es gerade die unangenehmen Missgeschicke sind, die einem bei jeder Gelegenheit wieder einfallen, und zwar begleitet von den unangenehmen Gefühlen, die sie auch zuvor schon bereitet hatten.

Jeder weiß auch, dass derartige unangenehme Erinnerungen unterschiedliche Intensität und Häufigkeit haben und dass die meisten mit der Zeit verblassen, vielleicht aber nur in das Unbewusste versinken. Ferner entspricht es der allgemeinen Erfahrung, dass es zur Aufarbeitung beiträgt, wenn man solche Erinnerungen mit vertrauten Menschen zusammen offen diskutiert oder sie schriftlich ausarbeitet.

Eine kritische Bemerkung sei hier angefügt: Ein Gestresster hat nicht nur eine kognitive (verstandesmäßige) Erinnerung an die Belastungen, die ihm widerfuhren. Er hat auch ein *Gefühl* dafür entwickelt. Dieses Stressgefühl kann subjektiv mit der Zeit von dem, was Außenstehende erwarten, deutlich abweichen und sogar immer schlimmer werden. Achten Sie einmal auf diese psychologische Regel, wenn Ihren jemand wiederholt von einem Stress erzählt, unter dem er kürzlich gelitten hat: er wird immer größer. Die Psychologie kennt sogar die Eskalation zum „Neurotizismus", also zu mit dem Stress verbundenen starken und quälenden Ängsten, zu Nervosität und Labilität. Wir haben sie schon als Ursache für Selbstzweifel erwähnt.

Weniger Herzinfarkte durch Aufsatzschreiben

An diese Erfahrung knüpft eine Untersuchung an, die eigentlich belegen sollte, dass es *psychischen Stress* überhaupt gibt, die dann aber ein erstaunliches Ergebnis brachte. Untersuchungsgegenstand war der *wiederholte Herzinfarkt* (Re-Infarkt). Man wusste längst aus Erfahrung, dass Männer, die einmal einen Infarkt überstanden haben, mit dem Risiko leben müssen, dass sie innerhalb von zwei Jahren in ziemlich hohem Prozentsatz einen zweiten bekommen. Ihre Herzkranzgefäße sind eben schon mehr oder weniger stark verkalkt, und viele Ursachen wie das Rauchen lassen sich nicht immer ganz ausschalten. Man weiß ja, dass der Herzinfarkt „multifaktoriell" bedingt ist, also entweder durch Rauchen oder durch hohen Blutdruck oder bei stark erhöhtem Cholesterin oder Ähnlichem entstehen kann.

Alle Patienten wurden natürlich nach dem ersten Infarktereignis so gut wie möglich gegen alle bekannten Risiken behandelt. Aber man teilte sie zufallsbedingt in zwei Gruppen auf. Die eine Gruppe erhielt den Auftrag, 14 Tage lang je einen möglichst detaillierten Bericht oder Aufsatz zu schreiben über eines der Probleme, die sie vor ihrer Erkrankung irgendwie belästigt oder unangenehm bewegt hatten. Nach den zwei Wochen gab es keinen Unterschied mehr in der Betreuung der beiden Gruppen. Aber in der Gruppe derjenigen, die die Aufsätze geschrieben hatten, ereigneten sich innerhalb von zwei Jahren nur halb so viele neue Infarkte wie in der anderen!

Das Ergebnis ist sehr erstaunlich. Es zeigt einerseits, dass psychischer Stress eine erhebliche Bedeutung beim *Herzinfarkt* hat, immerhin etwa so viel wie alle anderen Ursachen zusammen. Das gibt Anlass zu der Überlegung, ob schwerwiegende Probleme durch irgendeinen Mechanismus im Gehirn mit einem Marker versehen werden, der darauf hinweist, dass hier noch weitere geistige Beschäftigung notwendig ist und den man ohne eine solche nicht los wird.

Psychische Stressfaktoren, die offenbar im Unterbewusstsein noch eine Gefahr darstellen können, kann man durch intensive schriftliche Aufarbeitung auflösen, und zwar noch nach langer Zeit.

Diese Feststellung ist für *das Burnout-Problem sehr interessant:* Dass verdrängte, ungelöste Probleme im Unbewussten nachteilige Wirkungen auf den Burnout-Prozess haben, wird von vielen Experten angenommen. Die Probleme können, wie schon ausgeführt, *ständige Selbstzweifel* unterhalten. Andererseits bietet die Aufarbeitung der Selbstzweifel gewaltige Vorteile. Im Zusammenhang mit Optimismus und Pessimismus werde ich wieder darauf zurückkommen.

Irgendwie wirken ungelöste Probleme im Unterbewusstsein ähnlich wie krankmachende Viren im Körper. Man kann sich vorstellen, dass man sie sorgfältig auseinandernehmen und alle ihre schädlichen Einzelteile den Abwehrkräften, hier also der Argumentation durch den Verstand, preisgeben muss, um sie gänzlich unschädlich zu machen. Wirklich subtil und vollständig kann man diese „Vernichtung" aber nur erreichen, wenn man sich im Rahmen einer schriftlichen Darlegung um die *besten, möglichst korrekten Definitionen* aller Einzelheiten bemüht. Jeder kann das nachprüfen: Wenn man nur denkt, geht man über Einzelheiten immer hinweg, und auch beim Erzählen nimmt man es nicht so genau.

Was hilft:
die Aktennotiz oder das Tagebuch

Das Gute ist: Man kann gar nichts falsch machen, wenn man alle störenden Vorkommnisse regelmäßig *schriftlich aufarbeitet.* Denn Burnout-Betroffene sind wegen des psychischen

Stresses nicht selten gleichzeitig auch in die Risikogruppe für Herzinfarkt zu zählen, in der das Aufsatzschreiben nachweislich von Vorteil ist. Und das Argument „Herzinfarkt" wird meistens akzeptiert. Am besten ist es wohl, jeweils am Abend vor Büroschluss ausführliche Aktennotizen zu verfassen, falls Probleme aufgetaucht waren. Man kann sie dem Vorgang beiheften oder gesondert und unter Verschluss ablegen.

Es muss nicht unbedingt am Abend sein, aber man sollte keinen Ärger unkommentiert lassen. Man kann ja nie wissen, welcher später schädlich ist. Die dafür notwendige Zeit sollte man unter *„psychische* Gesundheit" einordnen, wie man ja auch täglich für *körperliche* Gesundheit und für Körperpflege eine gewisse Zeit einplanen muss.

Ein entsprechender Rat für alle, die nicht ständig Akten führen müssen, ist ein ausführliches *Tagebuch*. Man wäre in guter Gesellschaft berühmter Tagebuchschreiber. Und niemand kann wissen, wie viele von diesen Prominenten einen Burnout bekommen hätten, wenn ihr Tagebuch nicht gewesen wäre. Und es ist nie zu spät: Die Aufarbeitung könnte z. B. auch in einem Sanatoriumsaufenthalt stattfinden – da hat man viel Zeit zum Schreiben, und verantwortungsbewusste Betreuer könnten einen dabei unterstützen, dass das auch nicht versäumt wird.

Im nächsten Kapitel wenden wir uns anderen psychologischen Mechanismen im Gehirn zu. Ich werde speziell die Auswirkung der Stimmung auf die allgemeine Motivation zur Aktivität untersuchen. Sie erinnern sich: Unlust, fehlende Energie und Vernachlässigung der Arbeit sind häufige Phänomene beim Burnout. Die Emotionspsychologie kann hier zum besseren Verständnis beitragen und Ansätze zur Hilfe und Selbsthilfe bieten.

Das Wichtigste noch einmal in Kürze:
- Auch psychischer Stress kann im Körper zu einer typischen Stressreaktion führen. Psychosomatische Erkrankungen sind aber nur Begleitphänomene beim Burnout.
- Psychische Stressoren können im Gehirn direkte Wirkungen ausüben. Ängste können z.B. den Denkprozess oder das Verhalten beeinflussen.
- Leichte Angst wird als Druckmittel zur Leistungssteigerung eingesetzt. Der langfristig unterschwellige Stress jedoch kann z.B. Selbstzweifel begünstigen.
- Als psychische Stressoren müssen auch ungelöste Probleme gelten, die ins Unbewusste verdrängt werden und dort (vermutlich) weiter aktiv sind.
- Ungelöste Probleme können die Stimmung beeinträchtigen, indem sie bei geringen Anlässen wieder erinnert werden.
- Durch schriftliche Aufarbeitung (Aktennotizen, Briefe, Kommentare, Tagebucheintragungen) von Problemen (Stressoren), die auf die Psyche drücken, können auch chronische Selbstzweifel aufgelöst und einem Herzinfarkt vorgebeugt werden.

7 Was motiviert: Stimmung und angeborene Bedürfnisse

Launenhaftigkeit, Lustlosigkeit, Niedergeschlagenheit – das sind Veränderungen der Stimmung, die man am Anfang des Burnout-Prozesses beobachtet. Sie sind ein ungewohnter Kontrast zur Lebenslust, Aktivität und Siegesgewissheit, durch die die gleiche Persönlichkeit vor dem Beginn des Prozesses charakterisiert war. Lähmende Antriebslosigkeit charakterisiert dann den ganzen weiteren Verlauf.

Die Stimmung gehört zu den schwierigen Themen in der Psychologie. Lange Zeit hat man mehrheitlich vermutet, dass Stimmung nur ein stark verlängertes Gefühl sei. Denn Gefühle dauern meist nur einige Minuten, Stimmungen oft viele Stunden. Eine freudige Stimmung mag – ähnlich wie ein primäres Gefühl – tatsächlich auch einen Einfluss auf Körperfunktionen wie den Muskeltonus oder den Blutdruck haben (siehe Kapitel 4). Zwischen den Phänomenen Gefühl und Stimmung dürfte es enge Beziehungen geben. Aber diese stehen hier nicht im Vordergrund.

Gute Stimmung bewirkt allgemeine Motivation

Ganz offensichtlich ist dagegen der Einfluss der Stimmung auf die (geistige) *Aktivität* des Menschen. Sie kennen das sicher: Wenn Sie in *guter* Stimmung sind, haben Sie Lust, Aufgaben zu übernehmen, Arbeiten anzufangen oder fortzuführen – wenn es sein muss, gleich mehrere Aufgaben. Wenn Sie andererseits *schlechte* Laune haben, möchten Sie am liebsten gar nichts tun. Sie beschränken sich auf Pflichten, auf nicht Vermeidbares. Stimmung hat also etwas zu tun mit *Motivation zur Aktivität*, und zwar ganz allgemein. Bei guter Stimmung am Morgen überlegen Sie, was Sie zuerst anpacken sollen. Ihre Motivation ist nicht auf ein bestimmtes Ziel gerichtet. Daher spricht man bei diesem Phänomen von *ungerichteter* Motivation. Ich bin überzeugt, dass diese gute Stimmung die *Grundeinstellung des Menschen* ist, die dann durch äußere und/oder innere Einflüsse gestört wird, und die er immer wieder zurückgewinnen muss – und kann.

> Gute Stimmung ist vermutlich eine der Hauptwurzeln dessen, was man als „seelische Kraft" bezeichnet.

An der ungerichteten Motivation scheint es den von Burnout Betroffenen gleich zu Beginn zu fehlen. Offensichtlich ist es also interessant, das Augenmerk auf diese „gesetzmäßige" (angeborene) Kombination aus Stimmung und Motivation zu richten. Ich werde zeigen, wodurch gute Stimmung entsteht, und ob man diese Erkenntnisse zur Hilfe für Betroffene nutzen kann. Abbildung 9 verdeutlicht diesen Zusammenhang.

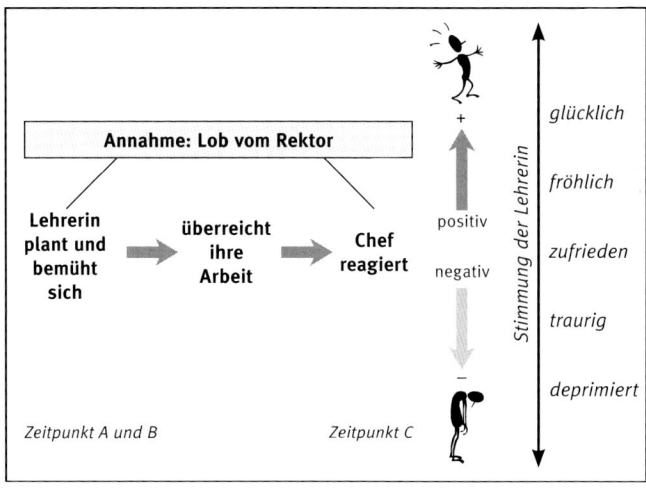

Abb. 9: *Modell für die Regulierung der Stimmung: Annahmen über den Erfolg einer Handlung macht man schon bei deren Planung: Die Lehrerin hofft, dass der Chef sie wegen fleißiger Arbeit lobt. Lobt er tatsächlich, freut sie sich. Ihre Stimmung steigt (rechts oben) und kann so den ganzen Tag bleiben. In dieser fröhlichen Stimmung hat sie mehr Lust zum weiteren Arbeiten. Sie wird mehr Erfolg haben. Dadurch wird sie mehr Erfahrung sammeln und künftig noch bessere Leistungen erbringen können. Lobt der Chef nicht, verändert sich die Stimmung ins Negative (rechts unten). Dies ist ein wichtiges Prinzip der Natur, um Fortschritte zu erzielen.*

Denken Sie zurück an unser erstes Fallbeispiel, an die Lehrerin Beate K. Sie bekommt vom Rektor der Schule den Auftrag, die Stundenpläne neu zu organisieren und widmet sich der Aufgabe mit gewohntem Engagement. Nun hat sie alle Pläne fertiggestellt und ist mit dem Ergebnis sehr zufrieden. Daher nimmt sie auf dem Weg zum Rektor an, dass er sie loben wird (vgl. Abbildung 9). Von der Beurteilung der Arbeit durch den Rektor hängt nun die weitere Stimmung von Beate K. ab. Für deren Stimmung gibt es eine Skala ganz rechts in der Abbildung. Lobt der Rektor die Stundenpläne, wie Beate K. sich das vorgestellt hatte, dann steigt ihre Stimmung. Jetzt entspricht nämlich das „Ist" der Stundenplan-Beurteilung durch den Rektor dem „Soll" ihrer Annahme, also dem Urteil der Selbstkritik von Beate K., oder es übertrifft es noch.

Im Gehirn von Beate K. werden Ist und Soll irgendwie verrechnet. Ein derartiger Abgleich ist eine übliche Aufgabe, die auch sehr primitive Tiergehirne beherrschen, weil sie bei sehr vielen Funktionen eines lebenden Organismus vorkommt. So muss z. B. aus dem Absinken des Zuckerspiegels im Blut (das ist das gegenwärtige Ist) die Notwendigkeit einer erneuten Nahrungsaufnahme erkannt und daher das Gefühl „Hunger" erzeugt werden. Das ist dann der Anlass zur Aktivierung des Nahrungstriebes und schließlich zum Fressen. Danach kann der Blutzuckerspiegel wieder zum Normalwert ansteigen (die Norm ist genetisch als „Soll" festgelegt).

Bei Beate K. resultiert aus der Verrechnung von Ist und Soll nach dem Lob des Rektors eine Hormonausschüttung aus einem der Belohnungszentren des Gehirns, weil das Ergebnis positiv war. Hierdurch und durch parallel verlaufende Nervenvermittlung hat Beate K. ein Erfolgserlebnis. Das ist natürlich etwas Freudiges, hebt also ihre Stimmung und motiviert sie zu erneuter Aktivität.

Stimmung und Motivation hängen in der Psyche des Menschen sehr eng zusammen.

Die Abbildung 10 verdeutlicht das: Ergibt sich eine Aufgabe, können deren Bedingungen den Filter der inneren Einstellungen durchlaufen. Man ja plant möglichst im Rahmen der eigenen Erfahrungen, plant also so, wie es persönlich am günstigsten zu sein scheint. Wenn später die Aktion beendet ist, ermittelt die Selbstkritik das tatsächlich erreichte Ist und gleicht es mit dem Soll ab. Sofern das Ergebnis Anlass für gute Stimmung ist, entsteht zusammen mit dieser automatisch auch eine allgemeine, ungerichtete Motivation, also Lust zur weiteren Aktivität. Ist das Ergebnis des Abgleichs und entsprechend die Stimmung unerfreulich, hat man auch keine Lust zu neuen derartigen Aufgaben. Das entspricht der Erfahrung, die jeder Mensch täglich macht.

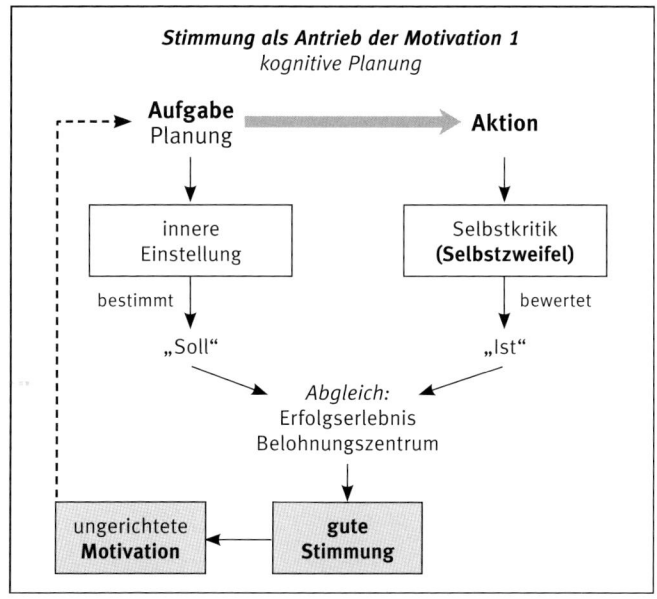

Abb. 10: *Die ungerichtete Motivation ergibt sich bei guter Stimmung: Wenn mit dem Verstand (kognitiv) eine Aufgabe geplant wird, werden die inneren Einstellungen als Maßstab betrachtet. Es ergibt sich ein Soll. Die resultierende Handlung (Aktion) wird der Selbstkritik unterzogen (rechts oben). Dadurch wird das Ist ermittelt. Ist das Ergebnis des Abgleichs positiv, entsteht ein Erfolgserlebnis, das mit Hilfe des Belohnungszentrums und seiner Botenstoffe von guter Stimmung begleitet wird (unten). Die gute Stimmung schafft allgemeine Lust auf weitere Aktivitäten, also eine ungerichtete Motivation. Wenn das Ergebnis des Abgleichs von „Soll" und „Ist" schlecht ist, also kein Erfolg registriert wird, ist auch die Stimmung schlecht, die Motivation entfällt. Vermehrte Selbstzweifel (z. B. beim Burnout) können den Abgleich negativ beeinflussen, also auch die Stimmung und die Lust auf Aktivitäten verderben.*

Achten Sie einmal darauf: Wir bilden ständig ein Soll und vergleichen es dann später mit dem Ist. Das gilt nicht nur für tägliche Aufgaben, sondern auch für die Lebensplanung. Unsere Arbeitszufriedenheit hängt davon ab, wie sehr das Ist mit unseren Vorstellungen übereinstimmt. Und wenn unsere Wunschbilder sich nicht erfüllen, sind wir enttäuscht.

Wer schlechte Stimmung vermeidet, vermeidet auch viele Zweifel

Wir lernen zunächst, dass man durch sachgemäße Planung unter geschickter Einbeziehung der eigenen Fähigkeiten die eigene Stimmung verbessern und damit die ungerichtete Motivation stärken, also *Lust zur Aktivität erzeugen* kann. Voraussetzung ist,

- dass die eigenen Fähigkeiten oder die innere Einstellung zu aktuellen Problemen ein gutes Ergebnis der eigenen Bemühungen ermöglichen, dass man sich also der Aufgabe gewachsen sieht oder die Aufgabe entsprechend einrichtet,
- dass die eigene Kritikfähigkeit ausreicht, das Ergebnis auch korrekt einzuschätzen, also keine allzu hohe „Belohnung" zu erwarten, und
- dass die eigene Menschenkenntnis ausreicht, die Ansprüche des Rektors (oder den Einfluss anderer Umweltfaktoren) richtig vorauszusehen (siehe Abbildung 10).

Beim Burnout muss man im Einzelfall herausarbeiten, welche Faktoren das Ist ständig drücken, sodass keine gute Stimmung mehr aufkommen kann. Wer die Faktoren kennt, kann sie umso besser beeinflussen.

Sehen Sie sich diese Zusammenhänge in Bezug auf die beginnende Burnout-Situation von Beate K. an. Stellen wir uns also vor, dass die Szene in einer späteren Phase des Burnout-Verlaufs spielt (z. B. in Phase B der Abbildung 2 auf Seite 39). Zu diesem Zeitpunkt hatte sich bei Beate K. schon Lustlosigkeit und Gleichgültigkeit eingestellt, auch wenn sie sich das nicht eingestand. Sie ist also schon anfangs nicht motiviert. In diesem lustlosen Zustand war ihr die Aufgabe nur mäßig gut und zu spät gelungen. Der Rektor war nicht begeistert und kritisierte einiges. Beate K. war enttäuscht, auch noch am nächsten Tag. Mit dieser schlechten Laune kam sie lustlos in die Schule, ärgerte sich über einige Schüler und fand ihren eigenen Unterricht mit Recht nicht gut. Ihre Stimmung war folglich weiterhin schlecht. Sie empfand daher keine Motivation zur Eigeninitiative, also dazu, sich wieder anzustrengen. Derartige Stimmungstiefs hat jeder einmal – aus verschiedensten Gründen. Das muss noch kein Beginn von Burnout sein, das gibt sich normalerweise wieder.

Achtung bei gehäuften Selbstzweifeln

Die Besonderheit beim Burnout scheint in den *Selbstzweifeln* zu liegen, die nun aufkommen. Ein starker oder viele kleine Zweifel können das innere *Weltbild* nachhaltig zum Wanken zu bringen. Das mögen Zweifel an eigenen pädagogischen Fähigkeiten sein, weil immer wieder Kinder ungezogen sind und stören, oder Zweifel an der fachlichen Güte des *eigenen* Unterrichts oder daran, ob die *eigenen* Kräfte bis zur Pensionierung aushalten werden. In der Abbildung 4 (Seite 59) hatte ich die entstehende Unsicherheit und die Beeinträchtigung des Selbstwertgefühls schon dargestellt. (Nicht gemeint sind hier grundsätzliche Zweifel an der Kompetenz der Kultusminister oder der Schulbehörde oder an den Lehrbedingungen an der Schule, bei denen ebenfalls langfristig keine Verbesserung in Aussicht ist – diese Zweifel haben auch alle anderen Lehrerinnen und Lehrer. Sie können den Mut nehmen, aber man zweifelt nicht an sich selbst!)

Schädlich sind also die Zweifel an den *eigenen* Kräften. Wenn Beate K. sich eingestehen muss, dass langfristig das Ist nicht mit dem Soll übereinstimmen wird, weil sie in letzter Zeit praktisch immer lustlos ist, dann ist das ein Grund, die Sinnfrage zu stellen. Jeder kann nachvollziehen, dass hier eine Ursache für Negativismus und Pessimismus entsteht.

In einer Situation, wo Ist und Soll nicht mehr übereinstimmen, könnten Freunde und Helfer in ruhigen Gesprächsrunden die Zusammenhänge nüchtern betrachten und mit dem Betroffenen diskutieren. Am besten versucht man, alle denkbaren Ursachen für die Selbstzweifel gemeinsam schriftlich aufzuarbeiten – in dieser Frühphase besteht durchaus Aussicht auf Erfolg.

Bei Beate K. besteht allerdings die Gefahr, dass sie ihr durch die Zweifel programmiertes Burnout-Problem noch nicht wahrhaben will. Dann lauert der Zweifel im Unbewussten, kommt ihr nur gelegentlich ins Bewusstsein und verdirbt ihr die Laune und die Lust, etwas zu tun. Schon jetzt sind bei Beate K. alle Voraussetzungen geschaffen für die *Phase der Lustlosigkeit und des verminderten Engagements* (siehe Abbildung 2 auf Seite 39).

Antriebslosigkeit lähmt die Entschlusskraft

Jetzt muss nur noch eine Folge von tatsächlichen oder vermeintlichen unerfreulichen Fehlleistungen eintreten und unterstreichen, dass die neue negative Einstellung des eigenen Weltbildes stimmt – dass Beate K. also tatsächlich den Anforderungen nicht (mehr) gewachsen ist. Selbstzweifel und Unsicherheit werden größer. Damit geht schleichend eine abweisende Haltung gegenüber Kindern, Eltern, Kollegen, Schule einher. Ein nach unten gerichteter, sich selbst verstärkender *Teufelskreis* ist entstanden.

Der Teufelskreis wird unterhalten durch die Unfähigkeit, sich innerlich über die Situation zu erheben, sie aus der Hubschrauberperspektive zu beurteilen und daraus Schlüsse zu ziehen. Man steckt schon zu tief in den Problemen drin. Und dann fehlt die *Fähigkeit, sich zu erholen*, Auswege aus der entscheidenden Fehlschaltung zu finden. Pessimismus und Negativismus können sich zu *Überzeugungen* verhärten. Durch wohlmeinende Freunde oder Kollegen ist der Prozess dann kaum noch umzukehren.

> Eine auffällige Ursache verminderter beruflicher Effektivität ist oft das Erlahmen der *Entschlusskraft*. Entscheidungsfreude (als das gesunde Gegenteil) wird von guter Stimmung und starker Motivation getragen. Beim *Vermeiden* von Entscheidungen bleiben viele Aufgaben liegen. Das Ende ist *Desorganisation*.

Der Burnout-Betroffene wird in der Phase der Funktionsausfälle auch interesselos: Er zieht sich von Aufgaben zurück, kommt spät zur Arbeit und geht vorzeitig. Diese *Antriebslosigkeit* bestimmt das Verhalten und den beruflichen Erfolg so auffällig, dass sie offensichtlich nicht nur mit schlechter Stimmung zu erklären ist. Vielleicht ist auch die seelische Kraft erschöpft (siehe Kapitel 4). Als Erklärung hatte ich bereits psychische Einflussnahmen auf das Antriebssystem, also auf die intrinsischen *Motivationen* vermutet und eine Selbstaufgabe wegen fehlender *Hoffnung* vermutet. Hoffnung hat ja immer ein Ziel. Ein Ziel muss man haben und anstreben, und: Hoffnung erzeugt gute Stimmung.

Antriebslosigkeit besteht besonders am Abend: Nach einem langen anstrengenden Arbeitstag möchte man seine Ruhe haben. Die inneren Antriebe, die am Morgen zu vielerlei Aktivitäten drängten, sind verstummt. Jeder kennt das, es ist natürlich. Mit Kaffee oder einem anderen Aufputschmittel könnte man wohl aus der Ruhephase wieder herauskommen, animierende Freunde mit attraktiven Vorhaben könnten das meistens auch. Der Antrieb ist also nicht am Ende, er ist nur verstummt, vielleicht *ermüdet*. Das gibt es beim Burnout natürlich auch ganz am Anfang. Aber im Stadium der Funktionsstörungen liegt eine schwerwiegende *Störung* vor.

Dem Pflichtbewusstsein gerecht werden

Viele kennen die Situation: Man möchte wirklich gut sein in seiner Aufgabenerfüllung, aber in der Hektik und angesichts vieler Sachzwänge kann man nicht alles erfüllen, was man sich vorgenommen hat. Ich meine das *Pflichtbewusstsein*. Es handelt sich dabei um eine *Einstellung* (siehe

Kapitel 2). Sie wird von früher Jugend an gelehrt und einem manchmal förmlich eingetrichtert, weil sie sehr wichtig für das Funktionieren unserer Zivilisation ist, und wird dann zu einer Säule der sozialen Kompetenz und der beruflichen Eignung.

Die Einstellung zur Pflicht wird im Alltag so oft gefordert, dass sie im Gehirn automatisiert und dann unbewusst gehandhabt wird. Man denkt gar nicht mehr darüber nach, hat also kein Pflichtbewusstsein mehr, sondern (alltagssprachlich) ein Pflichtgefühl im Unterbewusstsein.

Diese Pflichtauffassung stellt in unserem Modell vom Abgleich des Ist mit dem Soll ein „Soll" dar. Sie ist eine Vorgabe, wenn man eine Aufgabe übertragen bekommt oder übernimmt (siehe Abbildung 11): Man will ehrlich und korrekt arbeiten. Dann erzeugt sie aber auch eine *Annahme*, nämlich dass man dieser Einstellung gerecht werden wird. Schafft man das dann aber nicht, resultiert ein unzureichendes Ist und aus dem Abgleich ein *schlechtes Gewissen*.

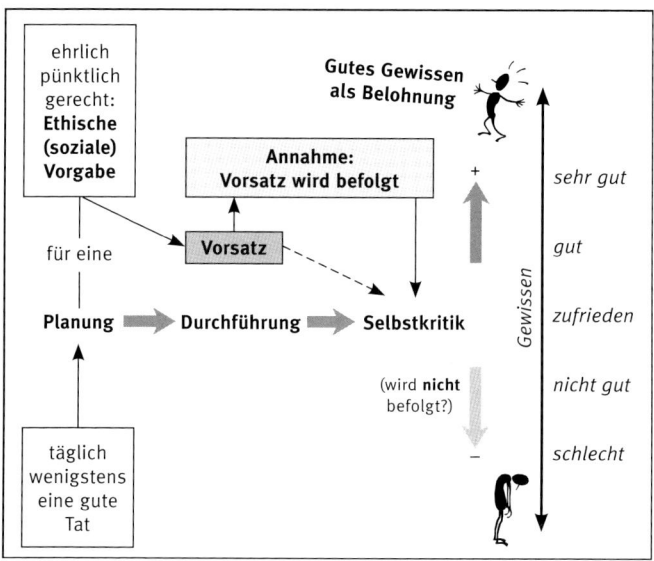

Abb. 11: *Das Gewissen bei ethischen Vorgaben (Erweiterung von Abb. 9): Stellen Sie sich vor, ein stark gestresster Vorgesetzter hat sich vorgenommen, seine Aufgaben immer ehrlich, pünktlich und korrekt durchzuführen (links oben). Schafft er das, hat er ein gutes Gewissen (und damit eine gute Stimmung: rechts oben). Wenn er sich selbst gegenüber ehrlich ist, schafft er das jedoch in der Hektik seines Arbeitsplatzes und im Konkurrenzkampf oft nicht. Schlechtes Gewissen wird überwiegen (rechts unten). Auch wenn er das zu verdrängen oder zu übertönen sucht, wird er es abends mit nach Hause nehmen: psychischer Stress. Links unten: Als Gegenmaßnahme kann man sich vornehmen, bewusst gute Taten zu tun.*

Schon bei gesunden Menschen ist das Prinzip „Pflichtauffassung" relativ häufig eine *Ursache für ein schlechtes Gewissen.* Jeder kennt das. Und jeder kann sich auch vorstellen, dass dieses schlechte Gewissen gerade im Verlauf des Burnout (speziell in der „Phase des reduzierten Engagements" (siehe Abbildung 2 auf Seite 91) gehäuft auftreten und seine Wirkung entfalten wird.

> Das durch eigenes Verschulden verletzte Pflichtgefühl mündet in einer besonders schlechten Stimmung.

Man hat zwar eine ethisch hochstehende Pflichtauffassung, aber man weiß, dass man – besonders im Stress – immer wieder hinter ihr zurückbleibt. Vielleicht wird man mit der Zeit sogar bewusst nachlässig, weil es dann schneller geht oder einfacher ist, und weil man offenbar auch ohne zu große Korrektheit durchkommt.

Andererseits leiden die besonders korrekten, fast *perfektionistischen* Mitarbeiter förmlich, wenn sie versuchen, trotz großer Leistungsdichte allen Pflichten und Idealen akkurat nachzukommen. Mancher mag dadurch in Richtung Burnout getrieben werden. Denn das vernachlässigte Pflichtgefühl rächt sich dann nicht nur in der Reaktion der Mitarbeiter, wie das in Abbildung 5 (Seite 91) dargestellt wurde. Das schlechte Gewissen verfolgt die vergeblich Strebenden bis in die Nachtstunden.

Der Rat zur guten Tat: einfach, aber wirksam

Könnte die Erklärung in Abbildung 11 (Seite 159) mit den ethischen Vorgaben als „Annahmen" auch nützlich sein, wenn Sie einem anderen oder gar sich selbst aus dem Teufelskreis heraushelfen wollen? Man könnte dem Betroffenen natürlich diesen Mechanismus zur Erzeugung von guter Stimmung und ungerichteter Motivation erklären. Vielleicht hat er einen Aha-Effekt, vielleicht wird ihm plötzlich die Möglichkeit zur Selbstmotivation klar, und er fasst entsprechende gute Vorsätze.

Falls jedoch schon Lustlosigkeit oder fehlende Energie zu den dominierenden Merkmalen geworden waren, werden allgemeine Verhaltensregeln, die Sie dann aufstellen, wenig Erfolg haben. Wirklichen Erfolg haben meist *nur klar definierte Aufgaben*, die Sie dem Betroffenen stellen. Möglichst sollten Sie auch überwachen können, ob er sie durchführt. Eine derartige Aufgabe lässt sich nicht schwer umsetzen. Als „Annahme" kann man nämlich immer einführen, dass man sich moralisch besonders gut verhalten wird. Diesen grundsätzlichen *Vorsatz* haben ja die meisten Menschen. Dann kann man sich vornehmen, jeden Tag *wenigstens eine gute Tat* gezielt zu tun, was sich auch die Pfadfinder zur Pflicht machen. Das können kleine Dinge des Alltags sein, auch am Arbeitsplatz, die Sinn haben und etwas Freude bereiten, z. B. Kuchen für alle oder ein kleines Geburtstagsgeschenk für den Praktikanten mitbringen oder einem Kol-

legen etwas Arbeit abnehmen. Man wird sich nach erfolgter guter Tat besser fühlen, manchmal den ganzen Tag.
Zur Verstärkung des Effektes der Tat wie auch zur Verstärkung des guten Vorsatzes kann man die gute Tat in eine
Liste eintragen. Mit deren Hilfe lässt sich abends vor dem
Einschlafen die eine oder andere erfolgreiche Episode noch
einmal vergegenwärtigen. Man hat dann seine Belohnung
mit guter Stimmung vor dem Einschlafen schon programmiert. Man fühlt sich besser und kann sich sagen, dass
der Tag auch eine gute Seite hatte. Dann schläft man sogar
ruhiger und hat vielleicht weniger Alpträume. Die Liste der
guten Taten könnte ein Anhang zum erwähnten *Tagebuch*
sein, mit dem sich die Stressursachen aufarbeiten lassen.

Der Sinn der guten Tat: Man motiviert sich gezielt zu einer
Handlung, nämlich zu einer moralisch guten Tat. Durch das
kleine Erfolgserlebnis wird man fröhlich. Die bessere Stimmung wiederum bedeutet *ungerichtete Motivation*, also Lust
zum weiteren Handeln. Motivation ist gleichbedeutend mit
Tatkraft, mit psychischer Energie.

Eines möchte ich hier betonen: Der vorgestellte Psychome-
chanismus mit den „Annahmen" in Abbildung 9 (Seite 148)
ist nicht die einzige Möglichkeit, die Stimmung und damit
die ungerichtete Motivation zu verbessern. Sie ist gewissermaßen die letzte Möglichkeit, dann nämlich, wenn die Aktivität erledigt ist (Zeitpunkt C in der Abbildung), wenn das

„Ist" als Ergebnis vorliegt. Eine gute Stimmung kann man ja bereits bekommen, wenn man eine erfreuliche Handlung *plant* (Zeitpunkt A). Gemeint sind *Vorfreude* und *Hoffnung*, die den Menschen auch in sehr schwierigen Zeiten aufrichten können, sofern Aussicht auf Erfolg besteht.

Man stellt sich die Belohnung „Freude" schon einmal vor, wie das den Optimisten auszeichnet. Das *Belohnungszentrum* schüttet nämlich auch schon bei der intensiven *Vorstellung eines Erfolgs* Dopamin aus. Dieser „Stimmungsmacher" beeinflusst die Selbstkritik in Abbildung 10 (Seite 151) positiv, die Stimmung wird gut, und man verspürt Motivation. Im Burnout-Prozess könnte die typische negative Einstellung versuchen, diesen Effekt zu blockieren, aber mit gezielten Bemühungen lässt er sich hier und da durchaus erzielen.

Die Stimmung – eine Frage der Hormone

Übrigens gibt es mehrere Botenstoffe, die die Stimmung beeinflussen, und sie tun das an verschiedenen Zentren des Gehirns unterschiedlich. Man muss sie sich als Übertragungsmöglichkeit zwischen Belohnungszentrum und Stimmung vorstellen. Zu ihnen gehört z. B. das *Serotonin*, das auch für den Burnout-Prozess wichtig sein dürfte. Denn vom Serotonin ist nicht nur bekannt, dass sein Spiegel um drei Uhr nachts am niedrigsten ist, wenn viele Menschen zu depressiven Gedanken neigen und die Sorgen für den

Schlaflosen immer größer zu werden scheinen. Sein Spiegel ist auch bei der Gemütskrankheit *Depression* auffallend niedrig.

Die Versuchung ist groß, die Funktion des Belohnungssystems mit Medikamenten zu unterstützen, die an diesem System angreifen, oder mit *Drogen* nachzuahmen oder gar zu ersetzen, um solche Stimmungstiefs auszugleichen. Solche Versuche allerdings wirken nur symptomatisch, können also *nicht* die eigentliche Ursache des Burnout beheben.

Gute Stimmung kann ferner *während der Arbeit* entstehen, wenn sie Freude macht. Das Wohlgefühl kann sich bis zum „Flow" steigern, einem Zustand, in dem man so in der Tätigkeit aufgeht, dass man alles um sich herum vergisst. Und gute Stimmung entsteht auch beim Erfolgserlebnis am Ende unserer selbstgestellten Aufgabe. Diese stimmungsaufhellenden Umstände haben auch unsere Fallbeispiele Beate K. und Sven B. viele Jahre unbewusst erlebt und zur Selbstaktivierung genutzt.

In der Anfangsphase eines Burnout liegen Chancen für eine Umkehr darin, dass man ganz bewusst *leicht erreichbare* Erfolgserlebnisse plant und auskostet, um wieder Lust zur Aktivität zu spüren und wieder zu erleben, dass die eigenen Fähigkeiten noch funktionieren.

Vielleicht wenden Sie ein, dass das alles doch keinen Sinn mehr hat bei Burnout-Kranken, die schon ständig müde und lustlos sind und über Energielosigkeit klagen. Richtig. Je früher man die Entwicklung eines Burnout-Prozesses erkennt und mit Gegenmaßnahmen beginnt, desto größer ist die Aussicht auf Erfolg. Das gilt besonders dann, wenn man sich selber vor Schlimmerem bewahren möchte.

Übrigens: Eine Besserung der Stimmung muss nicht über Erfolgserlebnisse erzeugt werden. Alle Menschen kennen kleine Belohnungen, mit denen sie sich selbst eine Freude machen können: eine Süßigkeit oder ein Kinobesuch oder der Anruf bei einem lieben Menschen, um auf andere Gedanken zu kommen.

Angeborene Bedürfnisse veranlassen Aktivität

Wenn es intrinsisch, also aus dem Inneren des Gehirns heraus eine *ungerichtete* Motivation gibt, gibt es auch eine *gerichtete* Motivation: Ein Beispiel dafür ist das angeborene Bedürfnis nach Dominanz (siehe Kapitel 2). Übrigens sei der Vollständigkeit halber erwähnt: Wir reagieren natürlich auch auf externe Motivationen, also auf die vielen Aufforderungen, Bitten, Befehle, Pflichten usw., die an uns herangetragen werden. Wir hatten schon festgestellt, dass wir diese dann selber, also intrinsisch mit emotionalen

Markern bewerten: „Das ist richtig, ist wichtig, das geht mich an!" oder auch nicht.

Die *angeborenen Bedürfnisse* sind ein überaus interessantes Phänomen in der Emotionspsychologie. Denn sie bewirken *unbewusst* unseren *Antrieb* zu situationsgerechtem Handeln, und am Antrieb fehlt es ja gerade beim Burnout in seinen späteren Stadien. Man kann die angeborenen Bedürfnisse beim Menschen auffassen als eine Weiterentwicklung der *Triebe* bei den Tieren, ohne die ein Tier wahrscheinlich nur herumliegen und gar nichts tun und schließlich verhungern würde.

Der wesentliche Unterschied zwischen einem angeborenem Bedürfnis und einem Trieb liegt darin, dass dem Tier die durch den Trieb angestoßene Handlung mehr oder weniger genau durch die Gene vorgeschrieben ist. Wenn also ein Falke durch Hunger veranlasst wird, Nahrung zu suchen, treten angeborene Programme in Kraft, derentwegen er auffliegt, suchend nach Mäusen Ausschau hält, auf sie hinunterstößt, sie packt, zu einem sicheren Platz trägt usw. Wenn dagegen Sie das innere Bedürfnis nach Nahrung verspüren, *können* Sie zum Kühlschrank gehen. Sie können aber auch ein Restaurant oder den Supermarkt aufsuchen. Sie können das Essen auch ganz aufschieben und erst mal dieses Kapitel zu Ende lesen. Nur das Grundsignal ist angeboren, sonst sind Sie frei. Freiheit bedeutet allerdings, dass Sie eine Menge Einzelargumente bedenken und dann selbst *entscheiden* müssen.

Wenn gewohnte Aktivitäten ausbleiben

Um etwas entscheiden und in die Tat umsetzen zu können, müssen Sie etwas wollen. Und dieser Mechanismus des *aktiven Wollens* fehlt bald beim Burnout. Das Bedürfnis beispielsweise, einen nahestehenden Menschen aufzusuchen, mag ausgelöst sein. Aber für die Ausführung kann nicht die erforderliche Energie bereitgestellt werden. Das ganze Prinzip der Eigeninitiative funktioniert nicht mehr. Als Konsequenz fehlen dann aber auch hinterher alle aufmunternden *Erfolgserlebnisse*, die einen gesunden Menschen jeden Tag vorantreiben.

Der Gesunde kann alle seine Bedürfnisse unterdrücken, als Asket zum Beispiel. Sein Leben wird freudlos nicht nur, weil er nichts erlebt, sondern auch, weil das Belohnungssystem dann funktionslos bleibt. Der Burnout-Betroffene unterdrückt natürlich nicht aktiv. Die *Zweifel*, die gemäß Abbildung 4 (Seite 59) zu einer Minderung des Selbstvertrauens führen, blockieren in Abbildung 10 (Seite 151) bei ihm die Aufhellung der allgemeinen Stimmung. Selbstzweifel stufen das Ist als zu schlecht ein. Wenn der Betroffene dann seine Stimmung mit Drogen anheben würde, würde er auch wieder seine Energie verspüren.

Die Erforschung der angeborenen Bedürfnisse ist noch nicht weit fortgeschritten, aber man weiß, wo im Gehirn die betreffenden Zentren liegen. Man kann die einzelnen Bedürfnisse auch nicht genau gegeneinander abgrenzen. Manche Psychologen vermuten davon acht, andere zwölf oder 24 (eine Liste finden Sie z. B. in meinem Buch „Emotionale Kompetenz", siehe Anhang). Einige derartige Bedürfnisse sind in Abbildung 12 zusammengestellt. Die Abbildung macht deutlich, dass die einzelnen Bedürfnisse unterschiedlich stark ausgeprägt sein können. Auf diese Weise bestimmen sie ganz entscheidend unser (typisches) Verhalten.

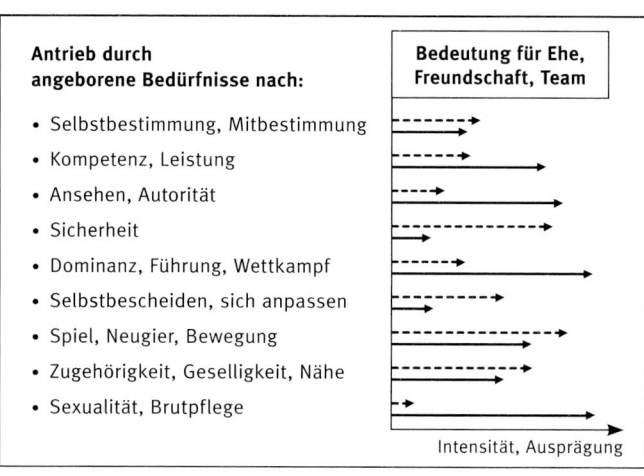

Antrieb durch angeborene Bedürfnisse nach:

Bedeutung für Ehe, Freundschaft, Team

- Selbstbestimmung, Mitbestimmung
- Kompetenz, Leistung
- Ansehen, Autorität
- Sicherheit
- Dominanz, Führung, Wettkampf
- Selbstbescheiden, sich anpassen
- Spiel, Neugier, Bewegung
- Zugehörigkeit, Geselligkeit, Nähe
- Sexualität, Brutpflege

Intensität, Ausprägung

Abbildung 12: Angeborene Bedürfnisse beeinflussen das Verhalten: Auf der linken Seite sind ausgewählte Bedürfnisse aufgeführt. Rechts sind die diesen Bedürfnissen entsprechenden Profile für zwei Persönlichkeiten grafisch dargestellt: Ausgezogene Pfeile repräsentieren einen dominanten, leistungsorientierten Menschen, gestrichelte Pfeile eine gesellige, grundsätzlich pessimistische Persönlichkeit. Zum Selbsttest können Sie die Intensität Ihrer eigenen Antriebe einschätzen und in die Abbildung eintragen.

Übrigens hat sich noch nicht genügend herumgesprochen, dass das angeborene Bedürfnis, die Nähe eines besonders interessanten Menschen aufzusuchen, die Grundlage dessen ist, was man *Liebe* nennt und fälschlich für ein Gefühl hält. Das angeborene Bedürfnis nach Nähe kann kombiniert sein mit dem meist sehr starken Bedürfnis nach Sexualität, darf damit aber nicht verwechselt werden. Diese Anmerkung nur nebenbei zu den Nachfolgern der Triebe, deren Aktivität man heute mit der funktionellen Magnetresonanztomografie (fMRT), einer Form der bildlichen Darstellung von Gehirnprozessen, direkt untersuchen kann.

Wir stellen uns nun vor, dass auch unsere Beispiel-Betroffenen aus Kapitel 1 durch ihre angeborenen Bedürfnisse charakterisiert sind. Es gibt keine gezielte Untersuchung zu der Frage, welche dieser Antriebe zuerst erlahmen. Als *Zeichen für den Beginn* des Burnout würde natürlich die Abschwächung derjenigen gerichteten Motivationen am meisten auffallen, die zuvor bei dem Betroffenen am stärksten ausgeprägt waren. Leider verhält es sich gerade umgekehrt: Dominante, leistungsbestimmte Persönlichkeiten lassen zuerst die ohnehin nur lockere Verbindung zu Freunden und Verwandten einschlafen oder kümmerten sich noch schlechter um die Kunden als vorher, also bevor bei ihnen der Prozess begann.

> Gerade der Antrieb, in dem Burnout-Betroffene ohnehin schlecht sind, also z. B. das *Bedürfnis, die Nähe anderer Menschen aufzusuchen*, scheint ganz zu Beginn des Prozesses zurückzugehen.

Ähnliches beobachtet man bei Hobbys und bei der Freizeitgestaltung: Sie waren für den Betroffenen schon vorher Nebensache, jetzt lässt er sie ganz. Man müsste ihn also schon genau beobachten, um seine Burnout-bedingte *Motivationsschwäche* ganz früh zu erkennen. Übrigens gibt es keine Hinweise, dass einzelne dieser Antriebe plötzlich und gänzlich ausfallen. Und im Falle einer gelungenen Therapie der Stressreaktion, also des beginnenden Burnout funktioniert sie auch wieder: Die Betroffenen reagierten wieder normal.

Alarmsymptom Rauschmittel

Genau genommen ist das System dieser intrinsischen Antriebe dreistufig, wie in Abbildung 13 zu sehen ist. Wenn Sinnesorgane wie Auge, Nase oder Ohr Reize erkannt haben und melden, ist fast immer ein ebenfalls *angeborener Auslösemechanismus* (AAM) zwischengeschaltet. Er sorgt dafür, dass das Bedürfnis zur rechten Zeit aktiv wird. Und sicher ist er stark von den Emotionen beeinflusst, schon weil wir fast alle Einflussfaktoren mit emotionalen Markern verbunden haben. Man denke an Ängste aller Art, die das Verhalten auch in dieser Hinsicht prägen. Der Auslöser selbst könnte beeinträchtigt sein und im Burnout-Prozess immer schlechter anspringen.

Der Betroffene, der das Nachlassen oder Versagen seines Antriebs bemerkt, greift nicht selten zu *Aufputschmitteln*. Sie erhöhen die Aufmerksamkeit, vielleicht auch die Ansprechbarkeit der AAMs. Der bisher ungewohnte Gebrauch *könnte* als früher Hinweis dienen, dass sich bei jemandem Probleme anbahnen: Aufputschmittel als Frühzeichen für den Burnout-Prozess. Sie *können* das wichtige Zeichen sein – denn auch bei einem Gesunden können Überlastung und Müdigkeit z.B. wegen hohem Leistungs- und Erfolgsdruck ein Grund für Drogengebrauch sein.

Für das Phänomen der Antriebslosigkeit könnte auch bedeutsam sein, dass am Ende der gerichteten Motivation eigentlich das *Belohnungszentrum* aktiviert werden sollte. Die Belohnung besteht in Wohlbefinden oder gar Freude und wird z.B. durch eine Ausschüttung von *Protamin* bewirkt. Die Belohnung fällt schon normalerweise gering oder ganz aus, wenn der Motivation nicht genau und vollständig nachgekommen wird. Die Natur hat sie (bei den Tieren) dafür eingerichtet, dass die angeborenen Bedürfnisse, die sich über Jahrmillionen bewährt haben, auch genau durchgeführt werden. Sie sind für das Überleben der Art wichtig. Am Beispiel des Nestbaus oder der Brutpflege kann man sich das gut vorstellen: Der Vogel hat ein besonders gutes Gefühl, *nachdem* er die Mäuler seiner Jungen mit Nahrung versorgt hat, anstatt das Futter selbst zu fressen.

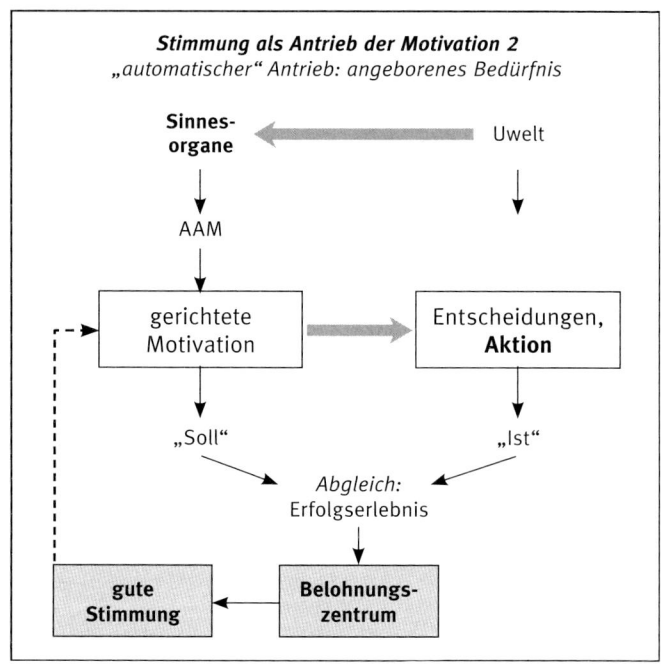

Abb. 13: *Nach erfolgter Ausführung eines angeborenen Bedürfnisses vermittelt das Belohnungszentrum eine gute Stimmung: Reize aus der Umwelt aktivieren über die Sinnesorgane (Auge, Ohr, Nase etc.) einen angeborenen Auslösemechanismus (AAM). Dieser löst eine entsprechend gerichtete Motivation aus (angeborene Bedürfnisse wie in Abbildung 12, Seite 168). Dadurch fällt die Entscheidung für eine definierte Aktion. Wenn der Abgleich von Soll und Resultat ergibt, dass der angeborene Aktionsmechanismus korrekt bis zum Ende ausgeführt wurde, reagiert das Belohnungszentrum automatisch mit der Ausschüttung von stimmungsaufhellenden Botenstoffen. Die resultierende gute Stimmung erleichtert den Beginn weiterer gerichteter (und auch ungerichteter, siehe Abbildung 10, Seite 151) Aktivitäten.*

Wenn der Burnout-Betroffene kaum noch Aktivität zeigt, weil seine angeborenen Bedürfnisse ihn nicht mehr antreiben, fehlen natürlich auch alle Stimmungsaufheller aus dem Belohnungszentrum. Die Stimmung ist ständig gedrückt, die *Lustlosigkeit* wird verständlich – wieder ein Teufelskreis. Hier liegt eine typische *Regelungsstörung* vor.

Nur: wo greift eine Störung an, die den Teufelskreis aufrechterhält? Es gibt sehr viele Einflüsse, die auf unsere Stimmung drücken. Als beim Burnout wichtig hatte ich schon die *Selbstzweifel* angeführt. Aber auch die gegensteuernden Selbstheilungskräfte der Psyche können beeinträchtigt sein, die normalerweise Fehlbeurteilungen anhand des inneren Weltbilds korrigieren. Wir vertrauen auf dieses automatische Wiederaufrichten unseres Selbstbewusstseins, das uns hilft, uns in einer aggressiven Umwelt immer aufs Neue zu behaupten.

Die Abbildung 10 (Seite 151) macht deutlich, dass dem *Zusammenspiel von Stimmung und Motivation* eine zentrale Rolle zukommt. Blättern Sie kurz zur Tabelle 4 auf Seite 105 zurück: Sie werden erkennen, dass die meisten der aufgezählten Symptome einen gemeinsamen Nenner haben: schlechte Stimmung. Sie bedingt und erklärt die typische die Antriebsschwäche des Burnout-Betroffenen.

Der Mensch hat allerdings die Möglichkeit, sich die Belohnung auch selbst zu holen, wenn er sie eigentlich nicht verdient hat, und zwar in Form von Ersatzhandlungen wie Spielen oder in Form von stimmungsaufhellenden Drogen.

Ihr Gebrauch wird im Verlauf von Burnout oft festgestellt. Meist erfährt man erst spät davon.

> Drogenkonsum muss als Alarmzeichen gewertet werden. Wohlgemerkt: Der *Verdacht* wird dadurch verstärkt. Ein Beweis für Burnout kann der Missbrauch nicht sein. Er muss aber auch wegen dieses Verdachts zum Anlass für offene Gespräche werden, möglichst auch für das Hinzuziehen eines Arztes.

Als eine wichtige Regulierungsinstanz für das Verhalten wird das Temperament angesehen. Im nächsten Kapitel werde ich besonders das Erfolgsrezept der Optimisten und sich daraus ergebende Hilfsmaßnahmen beim Burnout darstellen.

Das Wichtigste noch einmal in Kürze:
- Stimmung ist nicht einfach ein längerfristiges Gefühl. Sie hat viel mit der allgemeinen Motivierung des Körpers zur Aktivität zu tun.
- Gute Stimmung geht mit grundsätzlicher (daher „ungerichteter") Lust auf Aktivität einher. Sie ist die Grundhaltung des Menschen. Sie wird durch äußere oder innere Einflüsse beeinträchtigt.

- Bei vielen Prozessen generiert das Gehirn ein Soll. Wenn dann nach Abweichungen das Ist dieses Soll wieder erreicht oder übertrifft, reagiert das Belohnungszentrum.
- Die Stimmung kann durch mehrere Botenstoffe reguliert werden. Für gute Stimmung wird Dopamin ausgeschüttet, bei Depression fehlt Serotonin.
- Bei Burnout dürfte im Zentrum der „Phase der Lustlosigkeit und des verminderten Engagements" die schlechte Stimmung und die verminderte ungerichtete Motivation stehen.
- Nicht nur die gute Tat hebt die Stimmung, sondern auch die Erinnerung daran.
- Auch Hoffnung und Vorfreude können zur Aufhellung der Stimmung eingesetzt werden, auch erfreuliche Tätigkeiten und Erfolgserlebnisse.
- Spezielle Auslösemechanismen stimulieren sogenannte angeborene Bedürfnisse, die ihrerseits gezielt zu bestimmten Aktivitäten antreiben („gerichtete" Motivation).
- Die Ausführung der angeborenen Bedürfnisse erfordert beim Menschen Entscheidungen und Aktivität. Sie fehlen bei schlechter Stimmung und beim Burnout.
- Wer seinen Antrieben nachkommen kann und sie auch zu Ende führt, fühlt sich schließlich wohl – durch Aktivität des Belohnungszentrums.
- Die aktivitätsfördernde Funktion des Belohnungssystems des Gehirns kann mit Drogen imitiert werden. Die Versuchung zum Missbrauch ist daher groß.

8 Optimismus, Pessimismus und die Selbstkritik

Im Altertum und Mittelalter benutzte man die sogenannten Temperamente, wenn man Menschen charakterisieren und die Unterschiede zwischen ihnen herausstellen wollte. Man unterschied zwischen Cholerikern, Sanguinikern, Melancholikern und Phlegmatikern. Diese Bezeichnungen sind als – weitgehend angeborene – Verhaltensstile bis in die Neuzeit beibehalten worden. Heute versucht man, diese Einteilungen nach Merkmalen wie Aktivität, Reaktivität, Emotionalität und Soziabilität zu vervollkommnen.

Man kann die Temperamente aber auch (moderner) als übergeordnete *Regulationsfunktionen* für Psychomechanismen wie Gefühle, Stimmungen oder Motivationen auffassen. Es sind angeborene Anlagen, die ganz wesentlich das prägen, was man Persönlichkeit nennt. Sie überwachen das *Verhalten* in Abhängigkeit von aktuellen inneren und äußeren Einflüssen. Man hat sie verglichen mit einer generellen Schaltfunktion für die Lampen eines großen Raumes: Jede Lichtquelle kann man zwar gesondert bedienen, aber die Zentrale kann alle zusammen mehr oder weniger dimmen oder auf größte Helligkeit einstellen. Die Temperamente sorgen gemäß dieser Theorie also dafür, dass die vielen Ausdrucks- und Reaktionsmöglichkeiten des Gehirns *harmonisiert* werden, dass sie also alle zusammen einigermaßen einheitlich ablaufen, gemeinsam ein aktuelles Ziel anstreben.

Temperament als Oberbegriff schließt auch den Optimismus ein. Pessimismus ist für die Erklärung der depressiven Stimmung wichtiger als der Begriff Temperamente.

Drei Dimensionen des Temperaments

Bald zeigte sich aber, dass auch dieses Modell in der Realität einer weiteren Differenzierung bedarf. Es ergeben sich wenigstens drei Ebenen der Regulierung von Persönlichkeitsmerkmalen. Da ist zunächst die Ebene zwischen den Extremen „extrovertiert" und „introvertiert". Das Individuum kann man im Vergleich mit den Mitmenschen auf einer Skala einordnen, die beispielsweise von südländischer Offenheit und Lebensfreude bis zu nordländischem Ernst oder gar Schwermut reichen kann. Im Rahmen der individuellen Tagesform kann eine Person ihr Verhalten ebenfalls in gewissen Grenzen zwischen den beiden Eckpunkten verändern. Angeboren ist offenbar nur die typische Stimmungslage, die dann Variationsmöglichkeiten gewährt.

Eine zweite Dimension kann man zwischen den Extremen „forsch" und „schüchtern" anordnen. Erstaunlicherweise kann man aus dem Hirnstrombild von Kleinkindern schon vor Vollendung des ersten Lebensjahres ablesen, ob das Kind später schüchtern sein wird. Und schon im Untersuchungsraum kann man voraussagen, ob das Kind schreien wird, wenn die Mutter kurz den Raum verlässt – auch diese Temperamentslage ist angeboren. Schüchterne Menschen haben in unserer Zivilisation Nachteile. Aber Schüchternheit lässt sich auch überspielen: In einem Versuchsprogramm mit vielen Einzelaufgaben, deren Schwierigkeitsgrad sich langsam steigert, aber stets zu bewältigen ist, wurden in den Kindern viele *Erfolgserlebnisse* erzeugt und gleichzeitig ihr Wissen und ihre Fertigkeiten deutlich über den Durchschnitt Gleichaltriger gesteigert. Ihr *Selbstwertgefühl* war bald so hoch, dass die Schüchternheit in den meisten Lebenssituationen als überwunden gelten konnte.

Auch beim Burnout-Betroffenen ist es möglich, das Selbstwertgefühl mit Hilfe von *Erfolgserlebnissen* schrittweise wieder aufzubauen. Voraussetzung ist natürlich, dass vorher alle wichtigen Stressoren ausgeschaltet sind.

Eine dritte Dimension im Bereich der Temperamente hat ebenfalls Konsequenzen für das Burnout-Problem. Gemeint ist die Ebene *Optimismus – Pessimismus*. Sie fällt aus dem Schema der bisher geschilderten Temperamente insofern heraus, als Optimismus und Pessimismus nicht die Endpunkte einer linearen Variabilität sind. Oder einfacher ausgedrückt: Wenn jemand immer weniger optimistisch wird, wird er nicht unbedingt schließlich pessimistisch. Es geht bei Optimismus und Pessimismus zwar ebenfalls um Lebensgefühle, aber formal auch um *zwei verschiedene Konzepte der Zukunftsplanung*, während die beiden vorher geschilderten Temperamentsebenen sich mit der Gestaltung des *aktuellen* Verhaltens befassen und deswegen viel eher als eine Regelung der Stimmungen zu deuten sind.

Optimisten sind erfolgreicher, Pessimisten kritischer

Optimisten bezeichnet man als *erfolgsorientiert*. Sie streben den Erfolg an und haben auch nachweislich mehr Erfolge als Nicht-Optimisten. Zu den Optimisten dürften viele jener Burnout-Betroffenen zu rechnen sein, bei denen anfangs eine Hyperaktivitätsphase aufgefallen war. Optimisten machen Pläne, leben geistig in der Zukunft und sind fröhliche Menschen, weil sie sich schon über die Erfolge freuen, die sie hoffentlich später haben werden. Sie sind aber auch zufriedener als andere, weil sie anlagemäßig jeweils die positiven Aspekte der aktuellen Situation suchen. Sie „denken positiv". Das Extrem ist der Illusionist, der „mit beiden Füßen fest in den Wolken" steht, also ständig Luftschlösser baut – und dann entsprechende Misserfolge einstecken muss. Zu wenig Selbstkritik ist offenbar ein Nachteil. Dem Illusionist fehlt eine gesunde Bremse, nämlich (zusätzlich?) ein wenig Pessimismus.

Pessimisten werden charakterisiert als *misserfolgsorientiert*. Sie versuchen in erster Linie, Misserfolge zu vermeiden. Sie sind sich folglich immer der Risiken bewusst, die entstehen *könnten*. Sie sind die typischen Bedenkenträger und daher überwiegend ernst bis missmutig. Das Extrem dieser Gruppe ist der Zauderer, der vor lauter Risikokalkulationen kaum ein Projekt beginnt und natürlich auch nicht so oft Erfolge hat. Aber weil sie zögerlich Gefahren vermeiden, weichen die Pessimisten bis zu einem gewissen Grade auch dem Stress aus.

Man kann den Pessimismus als zentrale Bremsfunktion ansehen: „Warte und überlege noch einmal gründlich!" Vermutlich hat Pessimismus viel mit Selbstkritik zu tun.

Sich selbst ausschließlich in die eine oder die andere Kategorie einzuordnen, wird schwerfallen: Sie haben in der Vergangenheit mal mehr in die eine, dann mehr in die andere Richtung tendiert, haben mal mehr optimistisch-leichtsinnig, mal mehr pessimistisch-zurückhaltend gehandelt. Offenbar haben wir es mit zwei prinzipiell unterschiedlichen, einander entgegengerichteten Lenkprinzipien zu tun, von denen das Individuum je nach aktueller Lebensstrategie Gebrauch machen kann, die aber in unterschiedlicher Stärke angelegt sind und entsprechend die Persönlichkeit formen.

Ein Chirurg beispielsweise muss beide Anlagen gut ausgeprägt mitbringen: Ohne einigen Optimismus würde er sich nicht entscheiden, eine schwierige und verantwortungsvolle Operation überhaupt zu beginnen. Er muss an den Erfolg glauben und dem Patienten Mut machen. Aber er muss vor und während seiner Arbeit versuchen, alle Risiken auszuschließen. Beides muss er grundsätzlich anstreben, also nicht nur, wenn er sich das gerade vornimmt. Eine rein verstandesmäßige Handlungsstrategie würde nicht ein Leben lang mit Erfolg durchgehalten werden können.

Beim *Burnout-Betroffenen* steht vor Beginn des Prozesses wahrscheinlich die optimistische Tendenz häufig im Vordergrund, nämlich in der hyperaktiven Phase. Im Verlauf des Prozesses gewinnen dann aber die Kritik und überhaupt eine pessimistische Einstellung den Vorrang. Schließlich kann Pessimismus zur beherrschenden Überfunktion ausarten: Die Selbstkritik wird strikt negativ und übermächtig.

Die Strategie der Optimisten: positiv denken

In der Psychologie wurden Optimisten vielfach untersucht. Als eines der auffallenden Kriterien fand man, dass Optimisten zwar mit der typisch optimistischen Einstellung „es wird schon alles gut gehen" größere Risiken eingehen und daher nicht selten Misserfolge haben, dass sie damit aber sehr gut fertig werden. Man erklärt das dadurch, dass Optimisten sich ganz bevorzugt mit denjenigen Ursachen ihrer Misserfolge beschäftigen, die sie selbst zu vertreten haben. Sie lernen dann daraus.

Wer sich dagegen nach seinem Versagen über die Politik und das Wetter oder über die Einflussnahme anderer Menschen Gedanken macht, die nachteilig, aber nicht zu ändern sind, ärgert sich unnötig und vertut nur Zeit. Und wer sich dann auch noch in unproduktiven Schuldzuweisungen verstrickt, entwickelt unnötige Aggressionen oder Frustrationen. Sie behindern seinen Gedankenfluss, drücken seine Stimmung und reduzieren seinen Erfolg. Das ist dann nicht nur Temperamentssache.

Beim Burnout findet man ungerechtfertigte Schuldzuweisungen gegen andere als typisches Symptom in der Anfangsphase (Tabelle 3, Seite 102). Dann ist oft schon das ganze Weltbild pessimistisch geworden.

Selbstkritik nutzen, um besser zu werden

Es geht hier – wohlgemerkt – nur um die eigenen Misserfolge. Optimismus wird dadurch zu einer Frage der positiv tendierenden Selbstkritik. Mit einer Optimismus-gesteuerten Selbstkritik hat man gute Karten, nicht in den Burn-out zu rutschen: Man sollte den eigenen Fehlern offen ins Auge sehen, weil man daraus am meisten lernen kann. Alle Schuld des „Schicksals" oder der Mitmenschen ist demgegenüber zweitrangig – obwohl man durchaus auch daraus lernen kann und sollte.

Ist jemand bereits Burnout-gefährdet, liegen die Dinge anders: Man möchte ihm zwar eine Strategie wünschen, mit der er leicht über Misserfolge hinwegkommt, ohne sie einfach zu verdrängen, es liegt aber ein gewisses Risiko darin, einem Burnout-Gefährdeten die vorrangige Beschäftigung mit den eigenen Fehlern nahezulegen. Schließlich können aus seiner Selbstkritik leicht die *Selbstzweifel* oder *Schuldgefühle* erwachsen, die dann sein Selbstwertgefühl erschüttern.

> Äußerst wichtig ist es, immer darauf hinzuweisen, dass es bei jeder Selbstkritik darum gehen muss, *besser werden zu wollen*.

Es muss deutlich werden, dass die Analyse des eigenen Missgeschicks gezielt angezeigt und sinnvoll ist, um *Erfahrung* zu sammeln, um sicherer zu werden, letztlich, um das *Selbstbewusstsein nachhaltig zu stärken*. Diese Umdeutung der Situation ist eine allgemein bewährte Taktik des sogenannten *problemorientierten* Copings, also eine Bewältigungsstrategie, die nun gezielt auf die Selbstzweifel ausgerichtet werden soll.

Übrigens wurde beim Temperament auch eine *Achse stabil* – *labil* als vierte Ebene vorgeschlagen: Die Burnout-Betroffenen verlieren dieser Theorie zufolge ihre Stabilität, werden unsicher und finden aus eigener Kraft nicht zurück. Man kennt zwar eine entsprechende mentale Funktion als Unbeirrbarkeit oder besser als *Willensstärke*. Sie spielt eine wichtige Rolle in der Endphase von jedem Entscheidungsprozess: Wenn man eine Entscheidung schließlich gefällt hat, ist man für neue, ablenkende Argumente kaum noch zugänglich, sondern führt den einmal gefassten Entschluss auch konsequent durch. Auch diese Funktion ist beim Burnout gestört.

Am besten ist es, wenn dem Burnout-Gefährdeten ein erfahrener Coach zur Seite steht, denn das Feld der Erfolgs- und Misserfolgsorientierung und der jeweils aufkommenden Kritik und Zweifel ist weit – und riskant, weil Selbstkritik schwer zu kontrollieren ist.

Lassen Sie mich zusammenfassen:

- Sie wissen bereits, dass Selbstzweifel *die eigenen Fähigkeiten* infrage stellen. Sie werden von sehr vielen äußeren Einflüssen genährt. Wenn das eigene Können geringer gewertet wird, als man es für die bisherige Lebensstrategie voraussetzte, kann *Hoffnungslosigkeit* aufkommen.
- Die Selbstzweifel nagen sogar am eigenen Weltbild, erzeugen also *Unsicherheit am persönlichen Orientierungsrahmen*.

- Negativ eingestellte Kritik kann auch die *Motivationen* (über die Stimmung) versiegen lassen.
- Mit dem uns eigenen Verstand kann man jedoch auch *Denkfehler auflösen* – auch noch Wochen oder Monate später. Das sollte auf jeden Fall schriftlich versucht werden, weil man sich sonst zu leicht mit oberflächlichen Gedanken zufriedengibt.

Es dürfte klar geworden sein, dass es unser eigenes, nun gegen uns selbst gerichtetes Denken ist, was hier zwar von anderen beeinflusst sein kann, das aber in unseren eigenen Einstellungen und Vorstellungen Schaden anrichtet.

> Die *schriftliche Aufarbeitung*, die einen so gewaltigen Erfolg beim psychischen Stress zu erzielen vermag, sollte man auch bei der Aufarbeitung von Zweifeln und insbesondere von *Selbstzweifeln* einsetzen.

Im nächsten Kapitel werde ich zunächst noch einmal auf die Möglichkeiten zur Diagnose eines Burnout hinweisen. Dann nenne ich allgemeine, etablierte Maßnahmen zur Vorsorge, ehe ich einige Methoden zur Selbsthilfe im Sinne der Verhaltenstherapie erkläre und einen Überblick über die Möglichkeiten zur Hilfe und Vorsorge gebe.

Das Wichtigste noch einmal in Kürze:

- Die Temperamente können als übergeordnete Schaltfunktionen aufgefasst werden, die mehrere psychische Programme gleichsinnig und gleichzeitig regeln und somit harmonisieren.
- Eine Grundtendenz des Temperaments ist zusammen mit der Regelfunktion angeboren, entsprechendes Verhalten also für das Individuum typisch. Die Tagesform kann damit variiert werden.
- Eine Funktion des Temperaments regelt das Verhalten zwischen „extravertiert", also offen und lebhaft einerseits und „introvertiert", also verschlossen andererseits.
- Auf der Ebene „forsch" – „schüchtern" hat Letzteres Nachteile. Man kann die angeborene Tendenz im Hirnstrombild (EEG) erkennen.
- Ein Trainingsprogramm, das schrittweise aufbauend für Können und für Erfolgserlebnisse und damit für Selbstbewusstsein sorgt, kann Kindern und vermutlich auch Burnout-Gefährdeten helfen.
- Optimismus und Pessimismus regeln die Zukunftsorientierung im Sinne von leichtsinnig, mutig, schnell entschlossen einerseits und kritisch, vorsichtig andererseits. Wahrscheinlich sind es zwei getrennte Funktionen.
- Nach Misserfolgen ist die Kritik des Optimisten auf die eigenen Fehler zentriert, ist also überwiegend eine Selbstkritik. Das erzeugt den Vorsatz zum Lernen und eröffnet die Möglichkeit zur Besserung.
- Selbstkritik kann bei dem Burnout-Betroffenen aber zu Zweifeln führen und nachteilig sein. Sie sollte also (am besten von Fachleuten) begleitet werden.
- Der Burnout-Betroffene sollte seine Kritik schriftlich aufarbeiten, und zwar mit positiver Einstellung auf Mehrung der Erfahrung, also mit Hoffnung auf Erfolgserlebnisse beim Lernen.

9 Hilfe und Vorsorge

Sie wissen nun, wie Burnout entstehen kann, kennen die Symptome des Prozesses und haben auch schon einige Strategien kennengelernt, mit dem man ihnen begegnen kann. Am besten ist es jedoch, wenn man dem Burnout von Anfang an keine Chance gibt: Besser als die schönste Therapie ist immer die *Vorbeugung*.

Der MBI als Eignungstest vor Berufsbeginn

Zu den vorbeugenden Maßnahmen gegen Burnout gehört die sorgfältige *Berufswahl*, also die Frage, ob die persönliche Konstitution überhaupt der berufsbedingten Belastung langfristig gerecht werden kann und ob eine Person überhaupt für den Beruf und seine typischen Belastungen (also den Stress!) *geeignet* ist.

Wenn man Burnout zu vermeiden sucht, sollte künftig jeder Personalmanager in seinen Stellenangeboten darauf hinweisen, welcher besondere *Stress* auf den Bewerber zukommt oder welche Persönlichkeitsmerkmale er *nicht* gebrauchen kann – neben all dem, was er natürlich können *sollte*. Das würde beide Seiten vor Enttäuschungen schützen und zudem das Betriebsklima fördern.

Auf Seite 109 finden Sie den leicht abgeänderten MBI-Test nach Maslach. Diesen Test gibt es in Versionen für das Lehrpersonal von Schulen und für Krankenschwestern. Anhand dieses Tests kann festgestellt werden, dass manche der wegen Burnout getesteten Lehrer und Lehrerinnen gar nicht hätten in einer Schule eingestellt werden dürfen, weil aus ihrem Persönlichkeitsprofil vorher ziemlich eindeutig Probleme voraussagbar gewesen wären. Aber es ist nie zu spät: Den Test kann man jederzeit nachholen; in dem Fall müssen dann die Fragen bezüglich der Bedingungen am eigenen Arbeitsplatz spezifiziert werden. Dann kann man über einen Arbeitsplatzwechsel oder über Veränderungen der Arbeitsbedingungen nachdenken oder diskutieren.

Rechtzeitig Maßnahmen ergreifen

Zu den *vorbeugenden Maßnahmen* zählen auch Gesprächskreise in den Firmen, Problemlösungskonferenzen, Gesundheitszirkel, Kurse zur Entspannung, Supervision und Mediation, auch zur Meditation sowie autogenes Training. Es gibt auch Einführungen zum Stressmanagement oder zur Work-Life-Balance. Diese sind in Betrieben sinnvoll, wenn sich „atmosphärische" Störungen entwickeln, also wenn das Betriebsklima nicht mehr ganz in Ordnung ist.

Angebote gibt es viele, dennoch lässt sich Stress am Arbeitsplatz oft nicht vermeiden. Wenn Sie das Gefühl haben, dass sich trotz Maßnahmen „von oben" nichts an Ihrer

Situation ändert, wenden Sie sich an den Betriebsrat. Seine Aufgabe ist es im Rahmen der *Arbeitsschutzvorschriften* auch, eventuelle *psychische* Fehlbelastungen der Mitarbeiter zur Sprache zu bringen.

Die Adressen von *Selbsthilfegruppen* für schon vom Burnout Betroffene kann man im Internet finden. Es gibt also durchaus Bemühungen und Maßnahmen für die *Vermeidung* von Burnout. Sie sind jedoch kaum tauglich für eine *Behandlung* des Prozesses, wenn er einmal in Gang gekommen ist. Zu Selbsthilfe wie zur Beratung will ich hier einige methodische Hinweise geben.

Wer an sich arbeiten will, braucht Ausdauer

Alle Vorgehensweisen zur Gegenwehr gegen Burnout sind *längerfristig* anzulegen. Sie erfordern also Ausdauer und dafür den soliden *Vorsatz*, das Vorhaben auch wirklich durchzuführen. Wie das funktioniert, möchte ich im Folgenden darstellen.

In den vorangegangenen Kapiteln haben Sie erfahren, dass eine entscheidende Weichenstellung in die Abwärtsspirale des Burnout-Prozesses bei der *Selbstkritik* zu suchen ist: Wenn das Selbstbewusstsein des Betroffenen durch Stressoren erheblich beeinträchtigt ist, kann es sein, dass er nach Misserfolgen nicht mehr Gegenaktionen gegen die Ursachen erwägt, sondern vermehrtes *Misstrauen gegen die eigenen Fähigkeiten* entwickelt. Diese *Selbstzweifel* verunsichern ihn unbewusst in seinem Selbstwertgefühl. Schon in Abbildung 4 (Seite 59) hatten wir das kennengelernt. In Kapitel 5 hatte ich diskutiert, dass abwertende emotionale Marker dazu beitragen, sich mit destruktiven Gedankengängen und Einstellungen zu blockieren.

Es ist naheliegend, diese Wege zu den Selbstzweifeln einschränken zu wollen. Dem schon Betroffenen wird es wenig nützen, wenn man ihm erklärt, dass er einfach sein Selbstvertrauen stärken muss – er ist ja tief verstrickt in für ihn unentwirrbare Abwärtstrends. Zunächst also muss der Betroffene die Rolle kennen, die die Selbstkritik bei seinen Problemen spielt. Wenn es um eigene Misserfolge geht, sollte der Betroffene

1. sich den *Vorgang des Kritisierens* klar bewusst machen: Kritik ist gut, wenn man aus den Fehlern lernen will. Aber sobald eigene Fehler offenbar sind, muss man

2. mit allem Willen versuchen, eben diese eigenen Fehler eingehend zu analysieren, was oft eines objektiven Helfers bedarf, um sie dann

3. zu beheben bzw. Maßnahmen zu ersinnen, mit denen man ihnen aktiv begegnen kann. Dazu gehört, wie erwähnt, die schriftliche Aufarbeitung der Umstände.

4. Man sollte Wege finden, künftig den Fehler zu vermeiden und – das ist sehr wichtig –

5. man sollte sich stets fest vornehmen, nie resignierend die Achseln zu zucken, weil man „nun mal schlecht war" oder weil man „halt so ist".

Das ist schwieriger, als es sich anhört, aber auch nicht undurchführbar: Halten Sie die meist zahlreichen Vorgänge, die gern auch ins Unbewusste verdrängt werden, die einem durchaus unangenehm sind und deren Erinnerung vielleicht peinlich ist, *vorsätzlich im Bewusstsein* und arbeiten Sie sie ganz nüchtern Punkt für Punkt ab, am besten schriftlich.

Dann muss man den festen *Vorsatz* fassen, eine derartige verstandesmäßige Aufarbeitung eines jeden Missgeschicks gewissenhaft durchzuführen. Die Formulierung des Vorsatzes allein genügt aber nicht. Zu oft wird man ihn vergessen, wie die vielen guten Vorsätze, die man sich an Silvester für das neue Jahr vornimmt. Später ist dann anderes wichtiger. Man muss aus dem Vorsatz eine *Angewohnheit* machen. Und eine derartige Angewohnheit muss man *lernen*.

Lernen und Abstrahieren sind Spitzenfähigkeiten

Über das *Lernen* hatte ich schon in Kapitel 2 gesprochen. Es bedeutet, dass man seinem Gehirn das, was man sich vorgenommen hat, wieder und wieder in großer Zahl einzelner Erlebnisse anbietet. Das Gehirn wird dann schließlich automatisch einen Mittelwert und damit eine Erfahrung oder eine *Einstellung* und aus dem richtigen Verhalten schließlich eine Angewohnheit bilden. Wichtig dabei ist die große Zahl einschlägiger Ereignisse – wie lange beispielsweise hat es gedauert, bis Sie als Kind endlich „Danke!" sagen gelernt haben: Ohne unzählige Ermahnungen ging es nicht.

Stellen Sie sich etwa auf ein Vierteljahr der ständigen Wiederholungen ein: So lange dauert es ungefähr, bis das Gehirn aus den vielen Einzelfällen einen routinemäßigen Ablauf geformt und in andere Gewohnheiten derart passend eingefügt hat, dass er festsitzt und auch unbewusst ablaufen kann. Sie werden sehen: Wenn man dieses Stadium erreicht hat, hat man ein ungutes Gefühl, sobald man der neuen Norm einmal *nicht* gefolgt ist.

Um sicherzugehen, dass genügend Einzelfälle zusammenkommen, die für eine feste Verankerung im Gehirn sorgen, *spielen* Sie das Vorgehen im Einzelfall immer wieder, also z. B. noch einmal am Abend und wieder am nächsten Morgen, *in Gedanken durch*. Wenn man nämlich den Fall noch einmal intensiv durchdenkt, wird diese Überlegung als Erinnerung im Gedächtnis ebenso abgespeichert wie das originale Ereignis. Das befördert den Prozess, eine Angewohnheit zu formen.

Ferner benötigt man einen starken *Willen*. Damit der gute Vorsatz nicht erlahmt, was bei einem Burnout-Betroffenen leicht passieren kann, sollte ein guter Freund um Hilfe gebeten werden. Er muss genügend Einfluss auf den Betroffenen haben und nicht nur den Vorsatz, sondern das ganze Problem kennen. Wenn es einen derartigen Coach nicht gibt, sollte man einen Psychotherapeuten zurate ziehen, denn dieses Vorgehen entspricht der weit verbreiteten Methode der *Verhaltenstherapie*. Sie hat z. B. Erfolge in der

Behandlung von Angstzuständen, und Angst spielt beim Burnout fast immer irgendeine Rolle.

So kann man sein Verhalten von Grund auf ändern

Man kann sich so natürlich auch schlechte Angewohnheiten *abgewöhnen*. Das Vorgehen könnte auch jeder Normalbürger anwenden, der seinen Lebensstil irgendwie anpassen will und sich dafür ein neues Verhalten angewöhnt oder ein altes ändert: Noch einmal in den Spiegel zu schauen, bevor man das Haus verlässt, oder zu kontrollieren, ob man den Wohnungsschlüssel und den Führerschein eingesteckt hat, oder weniger Kalorien zu sich zu nehmen. Man lernt dann übrigens auch aus den Fehlern. (Nicht gleichzustellen sind derartige Angewohnheiten mit derjenigen, zu *rauchen*. Bei ihr haben die meisten Raucher eine *Sucht* erworben. Daher fällt es ihnen dann auch so schwer, sich das Rauchen wieder abzugewöhnen.)

Alles kann man übertreiben, deshalb hier noch eine kleine Abschweifung: Gewisse befohlene Angewohnheiten können zu Fehleinstellungen, Konflikten, Ärger oder sogar Ängsten führen. Die „Fünf *Antreiber*" hatte ich schon erwähnt: „Sei perfekt!", „Streng dich an!", „Beeil dich!", „Sei stark!" und „Mach's den anderen recht!"

Jeder kennt solche Ermahnungen aus seiner Jugend. Sie sind üblich, zu Hause wie im Beruf. Aber wer eine oder mehrere dieser alltäglichen sozialen Vorgaben zum obersten Prinzip seiner Anstrengungen erhebt und ihnen alles unterordnet, kann sich bei ausgeprägter Prinzipientreue durchaus *überfordern*. Denn man kann ihnen nicht immer genügen. Ähnlich ist es mit übertriebenem Ehrgeiz. Wer dann auch noch zu strenger Selbstkritik neigt, könnte im Falle des Scheiterns zu *Selbstzweifeln* („Ich bin zu schwach für ein ordentliches Verhalten") kommen, die bedeutungsvoll für die Abwärtsspirale sind.

Manchmal ist es ratsam, sich ein allzu penibles Befolgen von anerkannten Lebensregeln abzugewöhnen. Um sich nicht immer wieder in Stress und Probleme hineinzusteigern, könnte es angebracht sein, von einem gewissen Fanatismus abzulassen – in mancher Hinsicht.

Zeit und Kraft in die eigene psychische Gesundheit investieren

Es gibt therapeutische Möglichkeiten, die – vorausgesetzt, der Burnout-Prozess ist noch nicht zu weit fortgeschritten – einfacher sind und viel weniger Zeit kosten als das geschilderte Antrainieren von besseren Angewohnheiten oder guten Vorsätzen.

So erinnere ich noch einmal an den Vorschlag, die als Ursache erkannten *Probleme schriftlich aufzuarbeiten*. Das ist übrigens ein Vorschlag, den ich auch allen Nichtbetroffenen dringend ans Herz lege. Schreiben kostet zwar etwas Zeit, aber es schadet nicht, sich noch einmal exakte Gedanken zu machen. Keiner kennt die Zukunft, auch nicht bezüglich der künftigen Bedeutung von Problemen, die einen gerade beschäftigen. Was Sie aufschreiben sollten:

- *alle Kritikpunkte*, die im Zusammenhang mit Missgeschicken auftreten. Sie haben immer Ursachen. Suchen Sie auch nach ungelösten Konflikten oder emotionalen Fehlreaktionen.

- *Selbstzweifel*, soweit sie offenbar werden, mit allen ihren Argumenten, weil sie sonst im Unbewussten weiterschwelen.

- *Unsicherheiten*, die man bei sich selber doch in mancher Form kennt und die man dann aus dem Ungewissen hervorholen und sorgfältig analysieren kann.

- *Ängste*, Ärger und andere Emotionalitäten, die Sie bewusst oder unbewusst mit sich herumtragen.

Durch Aufschreiben können Sie all die genannten Punkte abmildern und unschädlich machen.

Machen Sie eine *Gewohnheit* aus dem Aufschreiben: Rechnen Sie es sich als „gute Tat für die eigene Gesundheit" an und freuen Sie sich nach jedem Aufsatz über ein kleines Erfolgserlebnis.

Miteinander reden

Sie haben längst festgestellt, dass ich sehr viel von der schriftlichen Aufarbeitung von psychischen Konflikten halte. Ich habe das bewusst betont, weil die Methode nicht üblich ist. Ich möchte aber nicht missverstanden werden: Vor der Verarbeitung im stillen Kämmerlein sollte möglichst die *direkte Aussprache* mit den anderen Betroffenen stehen. Keiner sollte sich davor drücken. Ratsam könnte sein, einen neutralen („externen") Dritten zuzuziehen, um die Emotionalität in der Diskussion möglichst klein zu halten.

Aber unabhängig von der Frage, ob das Problem nach der Aussprache zufriedenstellend gelöst ist oder nicht, wird es die Betroffenen weiterhin mehr oder weniger beschäftigen, sei es in Gedanken oder im Unterbewusstsein. Und für die vielen Fälle, in denen nach dieser „Nacharbeit" noch problematische Reste bleiben, ist die ganz private schriftliche Aufarbeitung segensreich.

Langfristigen, eventuell *unterschwelligen Ärger* sollte man übrigens genauso schriftlich durchleuchten wie Zweifel. Man sollte aber gleichzeitig prüfen, ob die emotionalen Marker, die man ja selbst an Informationen, Erinnerungen und insbesondere an beteiligten Personen angeheftet hat, noch korrekt sind (siehe Kapitel 5).

Beispielsweise können Sie sich vornehmen, die Einzelheiten des Ärgernisses positiver zu sehen, vielleicht sogar lächerlich zu machen. Falls der Ärger wieder hochkommt, wiederholen Sie die Übung und bemühen sich um mehr

Gründlichkeit. Ähnliche Korrekturen kann man vielleicht bei Umständen anbringen, die einen nervös machen. Es ist also notwendig, eine Art *Bedenkzeit* bezüglich des eigenen psychischen Zustands zu reservieren, in der niemand stört. Man muss es sich dafür bequem machen, und man muss Platz zum Schreiben haben.

Echte menschliche Fürsorge hilft

Schließlich möchte ich hier den Wert der *psychosozialen Betreuung* noch einmal herausheben. Wenn man die Liste der Symptome auswertet, haben die vom Burnout Betroffenen schon in der Frühphase (Tabelle 4 auf Seite 105) die zwischenmenschliche Wärme gemieden, also die Verbindung zu Freunden und zur Familie, oder haben sie gar zurückgewiesen.

Auf den ersten Blick können wir nicht wissen, ob sie das angeborene Interesse an der Nähe zu Mitmenschen verloren haben oder vielleicht diesen Personen in ihrer Vorstellung abweisende Marker angeheftet und sich dann in eine feindliche Stimmung ihnen gegenüber hineingesteigert haben. Möglicherweise liegt auch eine von Anfang an in der Persönlichkeit *mangelnde Fähigkeit* vor, zwischenmenschliche Kontakte zu knüpfen.

Das natürliche Streben, menschliche, besonders familiäre Beziehungen zu suchen und beizubehalten, ist in den letzten Jahrzehnten durch den zunehmenden Individualismus und den Primat der *Selbstverwirklichung* immer mehr erschwert worden: Wer heute nicht aktiv Verbindungen mit anderen anstrebt, ist bald alleine – die rasante Zunahme von Single-Haushalten in den letzten Jahrzehnten mag als Beleg gelten. Er muss dann über alles alleine entscheiden. *Entscheiden* aber kann nachweislich besonders viele Zweifel und Ängste zur Folge haben.

Bezüglich der Hilfsangebote in der Frühphase des Burnout wissen wir, dass nur *sozialisierende Maßnahmen* in der Mehrzahl der Fälle nachhaltige Erfolge erzielt haben. Ratschläge, Übungen, Seminare etc. sind zwar im Einzelfall hilfreich, engagierte *menschliche Fürsorge* und das Einfügen in verlässliche Strukturen sind jedoch die wichtigste Maßnahme, um mit einiger Verlässlichkeit den verloren gegangenen Halt wieder aufzubauen: Dann kann sich offenbar der „innere Orientierungsrahmen" stabilisieren. Offensichtlich gibt es dafür „Selbstheilungskräfte" der Psyche.

Wenn zunächst die Störfaktoren lange genug konsequent ausgeschaltet sind, können durch engagierte zwischenmenschliche Kontakte die angeborenen Funktionsbeziehungen zwischen den neuronalen Netzen langsam und von Grund auf zu ihren Normalbeziehungen zurückkehren. Der Mensch ist nun mal ein „soziales Wesen" – nur wenige halten es längere Zeit in der Isolierung aus.

Wenn künftige Untersuchungen diese Erfahrungen bestätigen, muss man im Umkehrschluss folgern, dass das Herauslösen des Einzelnen aus seinem sozialen Verbund eine besonders wichtige Ursache für die Entwicklung von Burnout sein kann.

Übersicht: Darauf müssen Sie achten

In den vorangegangenen Kapiteln haben Sie eine Fülle von Möglichkeiten zur Gegenwehr gegen Burnout kennengelernt, dass eine Übersicht und dann eine Zusammenstellung sinnvoll sind. In Abbildung 14 sind die wichtigsten noch einmal kurz dargestellt, ausgehend von den betroffenen Psychomechanismen. Sie vermittelt einen kleinen Eindruck davon, dass vielerlei Psychomechanismen am Burnout-Prozess beteiligt sind und daher auch zur Vorsorge oder Behandlung herangezogen werden sollten.

Greifen Sie sich nicht nur eine einzige Maßnahme heraus: An je mehr Punkten Sie ansetzen können, desto besser. Schließlich beschränken Sie sich ja auch nicht darauf, auf zu viel Fett verzichten, aber im Übrigen weiterhin im Übermaß zu trinken und zu rauchen, wenn Sie künftig gesünder leben möchten.

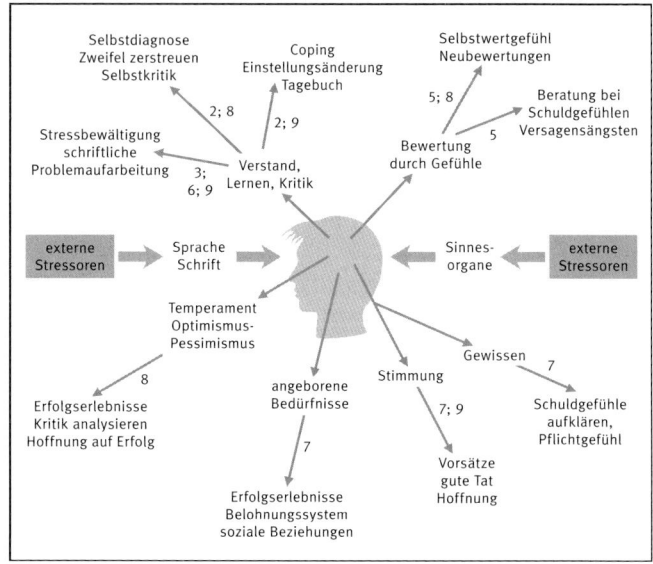

Abbildung 14: *Am Burnout beteiligte Psychomechanismen und Hinweise auf vorgeschlagene Gegenmaßnahmen: Obere Hälfte: Kognitive (verstandesmäßige) Funktionen und entsprechende emotionale Bewertung. Untere Hälfte: Stimmung und Motivation, beeinflusst durch Temperamente. Die Ziffern bezeichnen entsprechende Kapitel dieses Buches. Wer einfach nur vorbeugen will, erkennt aus dieser Darstellung, dass es kaum genügen wird, nur an einem Mechanismus anzusetzen.*

Wer selbst Hilfe sucht oder anderen Menschen mit Rat und Tat zur Seite stehen möchte, sollte neben den Ratschlägen der Tabelle 1 auf Seite 63 auch die folgenden Tipps beherzigen, die hier noch einmal zusammenfassend dargestellt sind:

Tab. 6: Möglichkeiten zur Vorbeugung und Hilfe gegen Burnout

- Aufmerksamkeit nicht überlasten, Handy auch mal ausschalten, nicht ständig laute Musik hören
- kein Multitasking; To-do-Listen mit großzügigen Zeitvorgaben
- bei Gefahr von Autonomieverlust mehr Selbstständigkeit zugestehen
- Stressoren ausschalten; Hilfe von Kollegen; evtl. Job wechseln, „etwas Neues probieren"
- Pflichtbewusstsein: dem schlechten Gewissen vorbeugen durch realistischere Ansprüche an sich selbst
- Probleme schriftlich aufarbeiten: Aktennotiz, Brief, Tagebuch
- innere Emigration: nüchtern reagieren, nicht emotional
- falsche emotionale Marker korrigieren, Ursachen der Gefühle erkunden
- die fünf „Antreiber" (siehe Seite 193) überprüfen, nicht übertreiben, evtl. Intensität zurücknehmen
- sozialisierende Maßnahmen ergreifen, menschliche Fürsorge suchen
- Zweifel: Ursachen ergründen, schriftlich aufarbeiten
- Coping: Probleme bewältigen durch den eigenen Verstand oder einen Coach oder eine Verhaltenstherapie
- Zweifel durch Hoffnung ersetzen, positiv denken
- Sinnverlust: Erfolgserlebnisse vermitteln, Belohnungszentrum bemühen
- Stimmung aufhellen: richtige Annahmen, kleine Annehmlichkeiten
- Antriebslosigkeit bekämpfen: Aufgaben für angeborene Bedürfnisse vollständig ausführen

▶

- Selbstwertgefühl steigern durch Erfolgserlebnisse, Aufgabenschwere schrittweise steigern
- Optimismus: positiv denken, bei Misserfolgen vorrangig eigene Fehler durchdenken
- Pessimismus: Kritik nur zur Leistungsverbesserung, schriftliche Bearbeitung
- wenigstens eine gute Tat pro Tag zusätzlich, evtl. Liste, abends nachlesen
- zielführende Angewohnheiten bewusst trainieren, mit Helfer oder professionellem Coach
- Unterstützung durch Gesundheitszirkel, Meditation, Psychotherapeut

Auch wenn wir bei Weitem nicht alle Erscheinungsformen und Probleme des Burnout-Prozesses erschöpfend untersuchen konnten, wissen Sie nun, worauf man achten sollte, und haben eine Vorstellung davon, wie man wirkungsvoll vorbeugt. Sie können sich selbst und anderen bei der Symptomatik der frühen Stadien helfen. Da Sie jetzt auch um die ernsten Konsequenzen eines ungebremsten Verlaufs von Burnout wissen, können Sie dafür sorgen, dass rechtzeitig ein Arzt oder ein Psychotherapeut zugezogen wird, bevor es zu spät ist. Helfen Sie mit, dass möglichst kein Mensch mehr in die Phase der Versagensängste und der existenziellen Verzweiflung abgleiten muss!

Das Wichtigste noch einmal in Kürze:

- Fürsorge und menschliches Bemühen können in der Frühphase nachhaltig helfen, wenn Störfaktoren ausgeschlossen werden.
- Alle Angewohnheiten werden gelernt, ähnlich wie Einstellungen und Überzeugungen. Störende oder gar krankmachende kann man sich auch wieder abtrainieren.
- Im Rahmen der Selbstkritik gegenüber eigenen Fehlern könnte es auch eine (krankhafte) Angewohnheit werden, immer gleich Selbstzweifel zu entwickeln.
- Am Beginn des Burnout-Prozesses hat man mit dem Bemühen, die Ursachen zu suchen und auszuschalten, noch relativ große Chancen.
- Der MBI-Test, mit dem man Burnout-Betroffene erkennen will, ist auch geeignet, vor Antritt einer Arbeitsstelle die persönliche Eignung abzuschätzen.
- Man kann mit dem Test auch die Entscheidung erleichtern, in einem bestehenden Arbeitsverhältnis eine berufliche Veränderung herbeizuführen.
- Der Selbstkritik bei eigenen Fehlern kommt eine zentrale Rolle zu. Sie sollte positiv auf Abhilfe ausgerichtet sein und nicht zu Selbstzweifeln führen.
- Gesundes Selbstbewusstsein wird permanente Selbstzweifel nicht zulassen. Ein starkes Selbstwertgefühl und Selbstvertrauen schützt vor Burnout, solange man Überlastungen der Hirnfunktionen vermeidet.
- Beim Lernen eines Vorsatzes oder einer neuen Angewohnheit zählen auch Wiederholungen des einzuübenden Verhaltens im Geiste, wenn man dies ernsthaft betreibt.
- Nicht selten ist man selbst schuld daran, dass man sich ärgert. Es wäre weise, bei jedem aufkommenden Ärger diese Möglichkeit zu erwägen und z. B. falsche Bewertungen oder Einstellungen zu korrigieren.

Liebe Leserinnen und Leser,

an das Ende einer wichtigen Veröffentlichung gehört eigentlich eine Zusammenfassung, in der die bedeutsamen Ergebnisse noch einmal von einer höheren Warte aus im Zusammenhang erörtert werden. In diesem Ratgeber haben wird die entsprechende Schlussbetrachtung weggelassen, denn nach jedem Kapitel hatten Sie ja schon eine stichwortartige Wiederholung vorgefunden.

Sie können die Schlussbetrachtung aber im Internet unter www.humboldt.de oder www.emotionale-kompetenz-seidel.de lesen und sich ausdrucken.

Lesetipps

Bauman, Zygmunt: Wir Lebenskünstler. Edition Suhrkamp 2594, Berlin 2010, ISBN 978-3-518-12594-6
Der international anerkannte und vielfach ausgezeichnete Soziologe beschäftigt sich zunächst mit dem Glücksstreben, das oft auf Erfolg, aber auch auf Konsum und soziales Ansehen zielt, und das meist von Angst vor Verlust begleitet wird. Es folgen Untersuchungen über die Vorherrschaft des Individualismus in der 2. Hälfte des vorigen Jahrhunderts: bes. in den USA ist jeder für sich selbst verantwortlich. Freiheit bedeutet volles Risiko und Unsicherheit, viele sind dem dauernden Überlebenskampf nicht gewachsen, zumal die Trennung von Arbeitsplatz und Zuhause, Arbeit und Freizeit aufgehoben wird. Ein überaus kluges Buch, von der Warte großer Lebenserfahrung geschrieben.

Burisch, Mathias: Das Burnout-Syndrom. Theorie der inneren Erschöpfung. Springer Medizin-Verlag, Heidelberg 2010, ISBN 3-642-12328-7
Dritte, völlig überarbeitete Auflage des führenden Fachbuchs zum Thema in deutscher Sprache. Der auch klinisch überaus erfahrene Autor fasst die sehr weitläufige Literatur überlegen zusammen. Alle wesentlichen Theorien und Auffassungen werden sorgfältig gewürdigt und inhaltlich gut gegliedert. Die umfassende Darstellung fordert vom Leser erhebliche Ausdauer. Grundlage aller einschlägigen Ratgeber, auch des vorliegenden. Es fehlen aber weitestgehend die Überlegungen zur Emotionspsychologie, weil aus dieser Sicht noch keine Darstellung des Burnout-Problems veröffentlicht wurde.

Damasio, Antonio R.: Descartes' Irrtum. Ullstein Taschenbuchverlag, München 2004, ISBN 3-548-60443-9
Der erfahrene Neurologe und Neuropathologe ist führend in der Erforschung der Rolle der Emotionen. Ausgehend von klinischen

Beispielen wird offenbar, dass viele wichtige Funktionen des sozialen Zusammenlebens ohne Gefühle nicht funktionieren. Für das Verständnis der emotionalen Intelligenz sind die Schlussfolgerungen über Erinnerungsbilder und ihre emotionalen Marker sowie deren Konsequenz auf die Entscheidungsfindung von besonderem Interesse.

Damasio, Antonio R.: Der Spinoza-Effekt. Wie Gefühle unser Leben bestimmen. List Taschenbuchverlag, München 2004, ISBN 3-548-60494-3
Fortführung der Forschungen und Überlegungen über Emotionen und das Bewusstsein. Die souveräne und zukunftsweisende Zusammenstellung heutiger Erkenntnisse, die sich im weitesten Umfeld der emotionalen Systeme ergeben. Die Schlüsselfunktion der „emotionalen Marker" zwischen Körperempfinden, Fühlen und Denken führt zu einer neuen Schau der Persönlichkeit. Unzählige Auswirkungen auf Verhalten und Lebensqualität werden verständlich. Es ergeben sich beeindruckende Ausblicke auf Ethik, Religion und Spiritualität.

Goleman, Daniel: Emotionale Intelligenz, Deutscher Taschenbuch Verlag, München 1997, ISBN 3-423-36020-8
Erste, gut verständliche Darstellung der Ergebnisse zur emotionalen Intelligenz mit vielen einleuchtenden Beispielen. In seinem weltweiten Bestseller weist Goleman ferner nach, dass die wachsenden Probleme mit der psychosozialen Gesundheit der Menschheit (die letztlich auch eine Ursache des Burnout sind) nur auf emotionalem Gebiet in den Griff zu bekommen sind. Darstellung der ermutigenden Erfolge im Schulbereich.

Goleman, Daniel: EQ^2. Der Erfolgsquotient. Deutscher Taschenbuch Verlag, München 2000, ISBN 3-423-36211-1
Ausgehend von den zahlreichen Feldern der emotionalen Intelligenz werden deren Konsequenzen für den Erfolg in der Wirtschaft dar-

gestellt. Goleman besitzt größte Erfahrungen aus seiner Beratungstätigkeit bei den größten Firmen der USA. Zahllose Beispiele belegen, dass man emotionale Kompetenz erwerben oder trainieren kann und dass ihr gezielter Einsatz die geeigneten Persönlichkeiten an die Weltspitze gebracht hat.

Harp, Daniel, Feldmann, Nina: Meditieren in drei Minuten, Taschenbuchverlag, Reinbek bei Hamburg 2003, ISBN 3-499-61556-8
Einführung in das Meditieren ohne Riten und ohne Hilfsmittel, offenbar auf dem Boden großer persönlicher Erfahrung. Leicht verständliche Erklärung einiger einfacher Übungen, die auch dem „eiligen" Laien einen Zugang zu wirksamen Entspannungstechniken ermöglichen und tatsächlich in wenigen Minuten zu Beruhigung und Souveränität verhelfen. Hinweise auf den Umgang mit Angst- und Trauerzuständen.

LeDoux, Joseph: Das Netz der Persönlichkeit. Wie unser Selbst entsteht. Deutscher Taschenbuch Verlag, München 2006, ISBN 3-423-34279-X
Sehr lesenswerte Spezifizierung und Erweiterung der Erkenntnisse über die emotionalen Systeme von einem der größten Forscher auf dem Gebiet der Emotionen und speziell dem der Angst. Versuch einer Erklärung der Begriffe Persönlichkeit und Selbst. Vernetzungen der physikalischen, biologischen, psychischen, sozialen und kulturellen Ebenen im Gehirn werden der Reihe nach analysiert und erklärt. Es resultieren anregende und zum Nachdenken einladende Einblicke in bewusste und unbewusste Funktionen unseres Gehirns und in deren Zusammenspiel.

Schulz von Thun, Friedemann: Miteinander reden.
Rowohlt Taschenbuchverlag, 3 Bände 2011, ISBN 3-499-62717-5
Einführung in die Kommunikationspsychologie, viele Beispiele der sich ergebenden Möglichkeiten. Ratschläge für die persönliche Fortbildung in Kursform, grafische Darstellungen.

Seidel, Wolfgang: Emotionale Kompetenz. Gehirnforschung
und Lebenskunst. Elsevier Spektrum Akademischer Verlag,
München 2004, ISBN 3-8274-1541-1

Das Preisen eigener Werke ist nicht meine Sache. Aber es könnte
sein, dass Sie jemandem die Beschäftigung mit der Emotionspsychologie empfehlen möchten, für den eine Fokussierung auf die Arbeit
im Krankenhaus nicht so sehr geeignet ist. Mein hier erwähntes
Buch ist auf die Kommunikation im Alltag und dort vorrangig auf
die Optimierung des eigenen Verhaltens abgestellt. So finden sich
am Ende von jedem Kapitel Vorschläge für die Beschäftigung mit
persönlichen Zielen. Viele interessante Randprobleme, die sich im
Verlauf der Darstellung des Stoffes ergeben, werden vertiefend erörtert.

Register